THOMAS ZWERINA

EINE FINGERKUPPE FREIHEIT

ROMAN

HarperCollins

2. Auflage 2024
Originalausgabe

Gesetzt aus der Bembo
von GGP Media GmbH, Pößneck
Druck und Bindung von GGP Media GmbH, Pößneck
Printed in Germany
ISBN 978-3-365-00552-1
www.harpercollins.de

FÜR EVI

KAPITEL I

DER PSALM DES PALLUY

»Ihr müsst den Jungen in Eure Klasse aufnehmen, Monsieur Bécheret. Ich verbürge mich für den kleinen Kerl, hört Ihr?« Im Hintergrund lärmte es. Gäule wieherten, Pferdegeschirre rasselten, Wagenräder knarzten durch die engen Gassen. »Wir dürfen es nicht zulassen, dass das Kind wie ein Stallhase stumpf dahinvegetiert.«

Abbé Palluy hatte am Rande der pfingsttäglichen Feierlichkeiten die Gelegenheit beim Schopfe gepackt und sich mit einem Stück Zwiebelkuchen still und leise dem Dorfschullehrer von der Seite genähert. Der junge Mann mit den dunkelbraunen Haaren und dem dreieckigen Gesicht war erst unlängst an die Schule berufen worden und saß unter den lichten Walnüssen. Antoine Bécheret schob das Weinglas, das vor ihm stand, an den Rand des Tisches, strich sich über das Wams und ließ sich nachschenken. Eine Pfeife klemmte zwischen seinen breiten Schneidezähnen. Er paffte ein gequetschtes »Bonjour« durch den blaugrauen Tabakdunst und erklärte Palluy segelohrig, dass er nichts gegen den jungen Braille habe, allein, es fehle ihm an der notwendigen Fantasie, wie Louis sich unter all den anderen Kindern zurechtfinden solle, woraufhin Jacques Palluy milde in sich hineinlächelte.

Der ehemalige Benediktinermönch war unter den Leuten für seine Geduld bekannt. Er hatte ein gütiges Wesen. Seine

Seele glich einem Orgelpsalm. Ihn aus der Ruhe zu bringen war also nahezu ein Ding der Unmöglichkeit, verkörperte der Besitzer dreier Bienenkörbe doch die Ruhe selbst. Er hatte sich etwas in den Kopf gesetzt, hatte einen Weg eingeschlagen und war von diesem Weg nicht mehr abzubringen. Wahrhaftig! Und so stand er also inmitten allen Getümmels gravitätisch, wie ein dickschädliger Ochse, vor Bécheret, mit beiden Hufen auf dem Boden der Schöpfung, und wippte mit dem bulligen Oberkörper im Takt der Musik, die hinter ihnen aufspielte. Vom allgegenwärtigen Summen des irdischen Daseins erfüllt, blickte Jacques Palluy salbungsvoll zur Seite und gluckste angesichts dessen, was sich seinen beiden Augenbällen darbot. Die bunte Ausgelassenheit, der Frohsinn seiner Gemeinde machte dem leidenschaftlichen Boule-Spieler Laune, und er fragte sich sanftmütig, wer von seinen Schäfchen nach dem Fest wohl zu ihm in den knarrenden Beichtstuhl stiege und sich, vom schlechten Gewissen geplagt, seiner Verfehlungen zu entledigen suchte.

Frauen und Mädchen drehten sich lustig in einer Quadrille. Röcke und Haarbänder flogen durch die laue Luft, Augen und Schuhe blitzten frevelhaft schön, und die Männer lachten breitbeinig, wie sie es immer taten, wenn sie beisammensaßen und die Spielkarten auf den Tisch warfen, eine Pik Zehn, einen König, das Ass, voilà, und der Sack war zugeschnürt. Ein kleines Mädchen lächelte ihm zu. Es war eine wahre Wonne. Palluy ging das Herz auf. Das ganze Dorf schien auf den Beinen. Der Abbé streckte seinen Nasenmuskel genießerisch aus. Ob ihn die Soutane von all den Verführungen an jenem Nachmittag im Mai 1816 abhielte? Wohl kaum! Er schaute sich um, blickte zu den Ständen und Buden, die, einem Rosenkranz gleich, aneinandergereiht standen und wo die Händler jetzt ihre Waren lautstark feilboten. Es roch nach Pomaden, Seifen und Puder, Würsten, geräuchertem Schinken, Pasteten, Bratäpfeln, den ersten frischen Kräutern und natürlich nach den typischen Käsen und Bries der Region. Man aß, man trank, man tauschte sich über den neuesten bescheidenen Tratsch aus dem bischöflichen Meaux aus, debattierte, politisierte, scherzte laut lachend miteinander und nahm ein gepflegtes Bad in der Menge. Niemand von den Anwesenden hätte an jenem Nachmittag vermutet, dass sich hier an diesem Punkt, in diesem unbedeutsamen Flecken namens Coupvray mit seinen 453 Seelen, 35 Kilometer östlich von Paris im Département Seine-et-Marne gelegen, die Weichen der Welt auf eigentümliche Weise stellen sollten, und zwar auf eine Art, dass es die Menschen später, trotz und gerade wegen ihrer sehenden Augen, aller fühlbaren Unzulänglichkeit überführte und verblüffte.

»Greift zu, Leute!« Eine weiße Kochmütze erschien zwischen den Köpfen vor dem Portal von Saint-Pierre. Marie Raymond ging, oh, là, là, von Tisch zu Tisch, pausbackig, die runden Hüften blau beschürzt, ein noch warmes Backblech in Händen haltend, darauf eine deftige Quiche.

Ein verbranntes Zwiebelringlein aussortierend, bemerkte der Abbé auf Antoine Bécherets Feststellung hinsichtlich des kleinen Braille mit sonorem Bass: »Oh, das mag wohl sein, dass es Euch an der notwendigen Fantasie mangelt. Da geht es Euch nicht viel anders als mir.« Jacques Palluy schleckte sich über die Lippen. »Aber glaubt mir, Monsieur, der Junge wird Euch mit seinen sieben Jahren die Fantasie lehren wie ein Michelangelo die Farbe, und wenn nicht er, dann der liebe Gott höchstpersönlich! Meint Ihr nicht auch?« Der Abbé wandelte in Gedanken zwischen den unverrückbaren, harten Holzbänken in Bécherets lichtdurchflutetem Klassenzimmer und sah Louis bereits spitzbübisch zwischen Locken, Zöpfen und dichten Haarschöpfen sitzen. Die Vorstellung gefiel ihm, während er so auf einem Kuchenrandstück herumkaute und Jean Bertrand mit einem Ziegenbock an ihm und Bécheret vorbeispazieren sah, dem schrillen Hufeisengebimmel vom benachbarten Viehmarkt folgend. Wollte Bertrand das gute

Stück etwa veräußern? Sei's drum! Palluy wandte sich dem Dorfschullehrer wieder zu. »Wie denkt Ihr also darüber, Monsieur?«

Bécheret rollte die Pupillen wie Monde um einen fernen Stern. Er schluckte, stieß die Luft aus, den mümmelnden Palluy vor sich, und wusste nicht, wie er sich aus der vertrackten Angelegenheit ziehen sollte. Jacques Palluys bässerne Beharrlichkeit setzte ihm zu, so musste er sich selbst eingestehen, auch wenn er es sich nicht anmerken ließ. Noch einmal nahm er also Anlauf, schob seinen stattlichen Eckzahn nach vorne und formulierte seine höflichen Bedenken gegenüber Palluys ungewöhnlichem Vorstoß, ein blindes Kind beschulen zu wollen.

»Wie stellt Ihr Euch das vor, Abbé? Er wird dem Stoff nicht folgen können! Er ist des Lesens und Schreibens nicht mächtig. Wie soll der Junge denn etwas in seinen Kopf bekommen ohne Schiefertafel?« Bécherets Stimme flirrte angestrengt. Er nippte verunsichert an dem Viertel Roten, hob die Augenbrauen und wischte sich mit dem Handrücken über den Mund.

»Da macht Euch mal keine Sorgen.« Palluy blieb hartnäckig und setzte nach, das Kuchengäbelchen weihevoll zwischen Daumen und Zeigefinger geklemmt. Er beschwichtigte den Zweifler vor dem Herrn mit den Worten: »Der Junge verfügt über ein erstaunliches Gedächtnis. Ich habe ihn nunmehr über zwölf Monate auf seine Verständigkeit hin beobachtet und sehe keinen Grund, warum er mit seinen sieben Jahren nicht wie andere Kinder eine Schule besuchen sollte. Louis ist alles andere als dumm!« Palluy hob die buschigen Augenbrauen amüsiert. »Im Gegenteil, der Kleine scheint mir weit schlauer zu sein als manch andere Seele in Coupvray.«

»Soso!«, erwiderte Antoine Bécheret ungläubig, während Jean Bertrand wieder an ihnen vorbeispazierte, dieses Mal mit einem braun gescheckten Kälbchen, das seine Mutter bei der

Geburt verloren hatte und ängstlich dahinstakste, unsicher, welchen Fuß es zuerst auf die blanke Erde setzen sollte. Es ging ihm offensichtlich nicht anders als den Menschen.

»Salut!« – des Abbés freundlicher Gruß. Bertrand nickte mundfaul und verlor sich zwischen all dem Gebrabbel in der Menge. Palluy schwang das silberne Kuchengäbelchen indes wie eine Forke und ditschte es mit den vier Zinken rhythmisch auf seinen mittlerweile fast leeren Teller, so als wollte er seine Auffassung in das unschuldige Porzellan klöppeln.

»Ich mache Euch einen Vorschlag.« Palluy rammte die Zinken des Gäbelchens beherzt in den letzten Rest seines Zwiebelkuchens, wo es stecken blieb.

Bécheret schaute erwartungsvoll unter seiner Hutkrempe hervor. »Und der wäre?« Der Abbé sah das riesige Fragezeichen, das über dem kantigen Lehrerschädel kreiste, und holte aus.

»Nun ja, Louis nimmt regelmäßig am Unterricht teil, während ich mich weiterhin um ihn kümmere und zusehe, dass der Junge dem Lernfortschritt seiner Altersgenossen folgen kann. Es ist ein Experiment, ich gebe es zu. Sollte der Bursche partout hinterherhängen, was ich bezweifle, so werden wir eine andere Lösung finden. Das verspreche ich Euch.« Bécheret verzog die Mundwinkel. »Und wie kommt er in die Schule?«

»Das lasst ruhig meine Sorge sein! Was haltet Ihr von unserer formidablen Idee, werter Freund?«

Antoine Bécheret zögerte offensichtlich noch. Zu Recht, wie er fand, denn Louis wäre nun einmal das einzige blinde Kind in seinem Unterricht. Was geschähe, wenn die Schulbehörde davon erführe. Schließlich hatte er die Stelle in Coupvray erst vor ein paar Monaten angetreten. Er befand sich noch in der Probezeit. Jacques Palluy hatte leicht reden. Einem Sack Flöhe die Bergpredigt beizubringen war weitaus einfacher, als eine Schulklasse im Zaum zu halten. Anders gesagt, er saß lieber selbst oben auf dem Ochsenkarren, als dass er sich zum Gespött der Kinder und der Leute machte. Was also tun? Er atmete tief ein, er atmete noch tiefer aus. Er nahm einen Schluck Rotwein und dann noch einen und fasste dann, entgegen all seiner Vorbehalte, einen mutigen Entschluss.

»Also gut. Es sei!« Bécheret verblies den letzten Tabakrest und schaute Palluy geradewegs über die ausglühende Pfeife in die Augen. Der wiederum reichte dem über sich selbst verdutzten Lehrer seine starke Hand.

»Ihr werdet es nicht bereuen, mein Sohn!«

Und so kam es dann also doch noch, dass, nachdem Antoine Bécheret die Waffen gestreckt hatte, Louis den steilen Schulberg fortan in Begleitung eines benachbarten Jungen erklimmen sollte.

KAPITEL 2

DIE SÜSSE ERKENNTNIS

»Monsieur!« Louis zeigte auf. »Das frische Heu riecht manchmal wie ein Bonbon! Wie kann das sein?« Die umsitzenden Kinder verdrehten die Augen und lachten ob der abstrusen Frage.

»Ruhe, ihr Rasselbande!« Bécherets kräftige Stimme tönte bis zur letzten Bank und wieder zurück. »Ich lasse euch heute sonst pünktlich gehen, nicht eher als bis es zwölf Uhr läutet!« Er stand vor dem Kartenständer. Die Klasse parierte. Zwar hatte man den Monsieur noch nicht wirklich böse erlebt, wollte es aber auch nicht unbedingt in dieser Sekunde darauf ankommen lassen. Sie hatten verstanden. Alle hatten sie verstanden, auch Maurice Lasalle, der das fleißigste Mundwerk von ihnen allen besaß und der jetzt, lammfromm, mit einer selbst gebauten Wurfmaschine in der Hosentasche abwartete, was passierte.

Den Knirpsen standen die Münder offen. »Also, bitte schön!« Antoine blickte zu Louis, der sich von seinem Sitzplatz erhoben hatte. Der Junge wiederholte seine Frage leise in die Klasse. Bécheret runzelte die hohe Stirn. Was meinte er bloß damit? Das Heu ein Bonbon? Die Worte, matt glänzend, erschienen auf Antoines innerer Schiefertafel. Wollte Louis ihn hier im Unterricht etwa vorführen? Wohl kaum! Die Frage war ernst gemeint, wie so oft von ihm. Zwar etwas unerwartet, aber ganz zweifellos aufrichtig. Letzte Woche noch hatte Louis seinen Lehrer nach dem Wind gefragt und ihn in Verlegenheit gebracht. Woher der Wind denn komme und wie es möglich sei, dass dieser die Menschen mal sanft, mal stürmisch in den Arm nehme, dazu noch eine Stimme habe. So also, dachte sich Antoine. Dieses Mal also das Heu. Der Junge war ein Buch, und Antoine Bécheret blätterte darin. Er schaute den Knaben an. Louis hielt den Kopf schräg, die Augen geschlossen, wie er es immer tat, wenn ihn eine Sache intensiv beschäftigte. Die Hände des Siebenjährigen wirbelten aufgeregt über den Tisch.

»Nun ja.« Antoine erhob sich von seinem Stuhl am Pult. Die offene Rechenfibel auf der Ellenbeuge, feilte sich der junge Lehrer eine halb gare Antwort zurecht. Das Heu rieche nach Heu, so wie es nun halt rieche. Blumig, würzig, manchmal auch bitter-grün. Letzteres hätte Antoine besser nicht gesagt. Wieder lachten die Kinder, dieses Mal über ihn, und wieder bat er mit kräftiger Stimme um Ruhe.

»Das Stroh riecht gelb!«, rief Adeline daraufhin durch das Klassenzimmer. Die Kinder schrien, gackerten hysterisch und reckten die Arme nach oben zur Decke. Tumult machte sich breit.

»Gelb, gelb, gelb«, schallte es im Chor durch die Reihen.

»Silentium!«

Trampeln. Unzählige Schuhsohlen stampften auf. Der Holzboden erzitterte. Antoine Bécheret schloss die Augen, wähnte sich für einen kurzen Moment von den Auswüchsen der Revolution gepackt. Schwenkte ein Kind da etwa eine Fahne? Nein, zum Glück nicht! Herrgott, er tat, was er in solchen Fällen immer tat. Er nahm die schwere Messingglocke vom Katheder und bimmelte der Lausebande mit markerweichendem Geläut Respekt ein, bis es allseits still um ihn herum wurde, die Kinder sich die Ohren, bereits halb taub, zuhielten und er mit dem Unterricht fortfahren konnte, nicht eher endend, als bis er die Hausaufgabe verlesen hatte, eine schwierige Rechenaufgabe. In all dem Treiben sah er zu Louis und fragte sich, ob er dem blond gelockten Knaben wirklich böse sein sollte. Aber er konnte es nicht. Sich dem kindlichen Witz und dem freundlichen Wesen des Jungen zu entziehen war unmöglich. Palluy hätte ihn ohnehin dafür auf Knien in den Beichtstuhl gezerrt und ihm drei Rosenkränze abverlangt.

So aber sah sich der gute Antoine Bécheret auf Louis' engelhafte Frage hin mit einer Heugabel bewaffnet die frisch gemähten Wiesen von Coupvray abschreiten, um des vermeintlichen Bonbondufts gewahr zu werden. Das Bild erstand in seinem gequälten Hirn als sittsame Landschaftsmalerei.

An einem Sonntagmorgen würde er diesen Duft, dem Louis in seiner kindlichen Wahrnehmung eine Bonbon-Note angedichtet hatte, endlich finden. Die Entdeckung wäre dem puren Zufall geschuldet und käme einem goldgerahmten Wunder gleich. Ein zarter Westwind striche über das noch grünbraune Heu und hätte ihn, Antoine Bécheret, den Zweifler vor dem Herrn, in eine zauberhafte Karamellwolke gestürzt. Überwältigt von seinen Gefühlen, stakste er über den leichten Heuteppich, stocherte mit der Gabel darin herum und saugte diesen einen süßen, eben diesen von Louis auserkorenen, wattigen Bonbonduft mit aufgeblähten Nüstern tief in sich hinein, und zwar so lange, bis er, glückselig wie ein junges Kalb, zwischen den Zäunen wild umhergaloppierte. Er machte einen unbeschwerten Satz nach vorn, schlug einen Haken und drehte sich um die eigene Achse. Ach, welch heilsames Heu, welch heiliges Hirngespunst, so dachte er bei sich, fasste unwillkürlich nach all der Schönheit und warf sie bündelweise über sich aus. Was tat er da nur unter der heißen Sonne im August? Er schnaufte, er keuchte, er stöhnte. Ungestüm war es ihm zumute, ekstatisch und wild. Sein Leib vibrierte. Die ganze Welt um ihn herum vibrierte. Das Heu, der Duft, die Halme. Sie nahmen kein Ende. Alles raste dahin, flog durch die Luft, schwebte, fiel ihm zu und schrie ihn an.

Palluy tauchte plötzlich auf, ein klappriges Leiterwägelchen hinter sich dreinziehend. Der Abbé blieb stehen und schaute vom Rand der Weide zu Bécheret hinüber, der sich offenbar einer Leibesertüchtigung hingab. Der Abbé winkte mit ausladenden Bewegungen. »Salut, Monsieur Antoine!«

Bécheret hielt inne und hob die Hand zum Gruß.

»Schönes Wetter, nicht wahr!?« Palluy ließ das Leiterwägelchen zurück und kam dem Schulmeister auf halbem Weg entgegen. »Ich sehe, Ihr genießt die Natur!«, so Palluy erfreut. Er blickte auf die Heubüschel in Bécherets Händen, wohl ahnend, dass Louis den Schulmeister in Verlegenheit gebracht haben musste.

»Wie macht sich unser aller Liebling, Monsieur?«

»Oh, wunderbar, bis auf das Lesen und Schreiben, Abbé!« Antoine klaubte sich die letzten Heureste aus dem Haar und schüttelte die Rockschöße. Blicke kreuzten sich.

Palluy verbarg ein Grinsen und tat so, als sähe er das interessante Durcheinander nicht. »Es geht Euch also auch so. Der Junge stellt einen vor immer neue Phänomene, nicht wahr?« Bécheret biss sich auf die Unterlippe. Er hörte die Turmuhr aus der Ferne schlagen. »Stellen Sie sich vor«, so Palluy freudig erregt, »das kleine Genie hat mich doch tatsächlich danach befragt, wie unser Heu rieche, und ich wusste mir nicht anders zu helfen, als zu sagen, es rieche so fein wie eine Brioche mit einem guten Stück normannischer Butter.«

Hat er nicht, dachte Antoine Bécheret, legte die Heugabel pikiert zur Seite und schluckte. Liefe ihm vor Appetit nicht selbst das Wasser im Munde zusammen, er hätte aus der Haut fahren mögen, gemessen an der Tatsache, dass er dem Schelm von einem Abbé auf den Leim gegangen war. Palluy hatte dem Jungen also die Flausen in den Kopf gesetzt.

»Soso! Normannische Butter also«, erwiderte Bécheret trocken und winkte ab. Woher der Abbé diese denn beziehe. Er selbst hole die gelbe Sünde für gewöhnlich bei Jean Bertrand, am Rande des Dorfes. Etwas anderes könne er sich mit seinem schmalen Salär nicht leisten.

Oh, ein befreundeter Benediktinermönch habe ihm einmal von derlei Butter aus der Normandie erzählt, erklärte Palluy spitzmündig, die Lippen wie zum Kuss. Selbst habe er auch noch nicht davon gegessen. Sehr bedauerlich, wie er jetzt feststellte. Zu gerne hätte er einmal davon kosten wollen, den leichten Karamellgeschmack einer Brioche als tiefe Note. Er schnupperte hungrig und öffnete dann wieder die Augenlider. »Aber Ihr entschuldigt, ich muss weiter. Ein junges Brautpaar wartet auf meinen Segen in Saint-Pierre.«

Der bescheidene Diener Gottes lupfte den Hut, nickte dem düpierten Schulmeister freundlich zu und stahl sich mit seinem holprigen Ziehwägelchen lustig davon. Palluys flatternde Silhouette verschwand, eine Lärmspur hinter sich, langsam am Horizont. Antoine stand da und schaute erschlagen um sich. Zunächst noch gefasst, die goldbebauschten Birnenwolken am Himmel betrachtend, verlor er kurz darauf die Selbstbeherrschung und prustete, sich vor Lachen biegend, dem närrischen Abbé laut hinterher. Er wischte sich die Tränen aus den Augen, ließ von dem Heu ab und rannte Palluy auf spillrigen Beinen nach. »Warten Sie, Abbé! Ich habe noch eine Frage!«

KAPITEL 3

DIE STUMME SCHWARZSCHRIFT

Antoine Bécheret gähnte schläfrig zwischen den Kissen. Unruhig wälzte er sich von einer Seite auf die andere. Wie spät war es wohl? Zwei, drei oder gar vier Uhr am Morgen? Deprimiert schlug er die klamme Bettdecke zur Seite. Noch war es stockfinster, draußen wie drinnen. Kein Hahn hatte gekräht. Das Bett knarrte, als er sich ausstreckte und vorsichtig nach der Kerze tastete. Er zündete sie an und starrte auf die flachen Zeiger der silbrigen Taschenuhr. Antoine seufzte in die Kammer. Es war kurz nach Mitternacht. Die Bommel seiner Schlafmütze fiel nach unten und kitzelte ihn sachte am Hals. Durstig schluckte er in dem fahlen Schein. Er horchte auf. Frösche quakten von fern. Das Licht der Flamme fiel auf sein verquollenes Gesicht. Er konnte nicht aufhören, darüber nachzudenken, wovon ihm der Junge manchmal erzählte. Erst recht nicht, wenn er sich daran erinnerte, wie Louis ihm die vielen Dinge beschrieb und wie sie sich anfühlten, wenn der Junge sie mit seinen unschuldigen Händen berührte. Die Schlafmütze flog an die Wand. Ungelenkig, sich mit den Händen abstützend, rutschte der Schulmeister über die Bettkante in die Pantoffeln und stand auf. Er kramte nach seinem Tagebuch, fand es schließlich und las quer. Lose Eindrücke, die er hier in Coupvray seit seiner Ankunft zusammengetragen hatte, darunter auch die Episoden aus der

Schule. Das Klassenzimmer sauste ihm durch die Seiten und mit ihm der kleine Sattlersohn …

Sie waren allein, Antoine und Louis. Die übrigen Kinder waren bereits nach Hause gegangen. Louis saß an seinem Platz und fuhr mit den Fingern über das dicke Papier. Antoine hatte seinem neuen Schüler das Wörterbuch aufgeschlagen. Der Lehrer fragte sich, was wohl grausamer sei, nicht mehr zu sehen oder nicht lesen und schreiben zu können.

»Im Anfang war das Wort, mein Junge!«, so Bécherets behutsamer Hinweis, doch Louis verstand ihn nicht. Er tastete sich durch die Seiten und suchte verzweifelt nach dem Wort und all der großen Herrlichkeit. Aber er fand keinen Anfang und kein Ende, kein Alpha und kein Omega, geschweige denn das Wort, von dem Bécheret zu sprechen meinte. Enttäuscht blätterte er in dem mächtigen Werk, aus dem die Erwachsenen ihre Weisheiten wie Zöpfe zogen und worüber sie einmütig kalfaterten. Amen. Das Wort! Wie sah es denn aus, das Wort? Hatte es ein Gesicht, etwa einen Verstand? Trug es Kleider und Schuhe?

»Es ist die Heilige Schrift unserer großartigen französischen Sprache, unsere Langue, die darin geschrieben steht, mein Sohn.« Bécherets Stimme nahm ob des gewichtigen Inhalts einen nicht minder gewichtigen Tonfall an. Er tätschelte Louis' Schulter väterlich.

Unsere Langue, hatte er gesagt? Darin geschrieben steht? Soso! Was meinte der Lehrer damit bloß? Louis zögerte kurz, wiederholte Bécherets sakrosankte Anmerkung innerlich noch mehrere Male und schlug die nächste Seite auf. Der Junge verzog das Gesicht. Das Papier gab einen humorlosen Laut von sich. Unbeeindruckt glitten die Fingerkuppen des Jungen über die für ihn raue Oberfläche der Seiten. Doch sosehr er sich auch bemühte, er fühlte die Erhabenheit nicht, die dem Ganzen innewohnen sollte. Was für ein Firlefanz, sagte er sich.

Dieses Wort hatte er als Ausdruck allen Unverständnisses von seiner Schwester aufgeschnappt, und es schien ihm, als träfe es angesichts dieser misslichen Lage wahrhaftig zu. Eigenartig! Wie ging dies alles nur zusammen, fragte der Junge sich nun ernsthaft. Er glitt über die stumme Schwarzschrift. Der liebe Gott war nicht anzufassen, und das Buch, aus dem die heilige Langue zu den Leuten sprach, war ebenso unfassbar. Wo war sie, diese Schrift, die alles ausmachte und bestimmte, und wie kam sie nur in das Wörterbuch hinein? Eine dichte Hohlheit machte sich breit, wie das gute Stück so dalag vor ihm und sich versteckte. Ungeduldig spürte er in seine Schuhe hinein, bewegte die großen Zehen nervös auf und ab und kam mit seinen 109 Zentimetern Körpergröße zu keinem für ihn befriedigenden Schluss.

»Darin stehen?« Ungläubig hob Louis den Kopf zu dem bedächtig dreinblickenden Schulmeister und fragte höflich: »Wie kann das alles sein, Monsieur? Wie passt die riesige Langue in dieses kleine Buch?«

»Was meinst du, mein Kind?« Bécherets Blick ruhte auf dem dicken Wälzer.

Ja, redete er denn gegen die Wand im Klassenzimmer? Noch einmal nahm der Junge also Anlauf und versuchte, die richtigen Worte zu finden. Fürwahr eine schwierige Angelegenheit, fehlte ihm doch das Vokabular der Erwachsenen. Er stellte sich auf die Zehenspitzen, als wollte er größer erscheinen, und merkte aufgeregt an, dass er nicht verstehe, wie all die Vokabeln in diesem Buch *stehen* könnten. Man fühle ja überhaupt nichts. Er legte die Hand fragend auf den ledernen Einband und stieß einen lauten Seufzer aus. Louis' Miene trübte sich ein. Er grämte sich. Der Inhalt des schweren Buches tat sich ihm einfach nicht auf. War er denn so dumm? Ihm war es, als stände er vor der verriegelten Kellertür, hinter der die Mutter die Vorräte für sie alle sorgsam in Regalen aufbewahrte. Rosinen, Schlehenmarmelade, den süßen Honig der Bienen, Nüsse, Mehl, Pastinaken, Getrocknetes oder Eingemachtes, Sirup und Säfte, eben all die feinen begehrenswerten Dinge, die von Monique Braille streng verwaltet wurden. Wenn es doch nur einen Schlüssel gäbe für diese dicke Tür!

Antoine Bécheret stand unbeholfen vor dem Jungen. Er legte die Hand auf das Kompendium, schloss die Augen und tat es seinem Schüler gleich. Er fühlte – der Junge hatte recht. Wie wahr! Da war nichts, abgesehen von ein paar borstigen Leinen- und Hanfpartikeln, die aus dem verleimten Papier heraustraten. Der heilige Geist der Langue hing lose in den Seiten. Entsetzlich! Ganz langsam wurde es ihm klar: Der Sattlersohn konnte, wenn überhaupt, so doch nur eine vage Vorstellung von den Buchstaben des Alphabets und deren Umrissen haben, schließlich war Louis noch vor der Einschulung vollständig erblindet. In der Tat. Louis kannte das Alphabet vom Hörensagen, so wie es ihm seine Eltern und Palluy vorgebetet hatten, nicht aber die wunderbare Gestalt der lateinischen Lettern. Er beherrschte die Laute. Mehr brauchte er im Prinzip erst einmal nicht, um sich zurechtzufinden, um sich verständlich zu machen. Doch um die Welt zu begreifen, um die göttliche Schöpfung zu erfahren, benötigte der Junge weit mehr als den Klang seiner Muttersprache, so dachte der junge Lehrer. Mitleidsvoll blickte Antoine auf die suchenden Hände des Jungen. Es fiel ihm wie Schuppen von den Augen, als er Louis' Finger über die für ihn seelenlosen Buchstabenkolonnen tasten sah.

»Wie sieht ein A aus, Louis?« Er beugte sich zu ihm hinunter und schaute dem Kleinen erschrocken ins Gesicht. »Kannst du ein ‚A' schreiben, wenn ich dir die Tafel reiche?« Stille. Der Junge erstarrte vor Antoine, der seine triste Frage wiederholte, während er Louis hilflos die Schiefertafel und einen Griffel in die Hände legte. Der Siebenjährige begann zu stottern. Dann drückte er die Lippen aufeinander. Ängstlich schüttelte er den Kopf.

»Also nein?« Bécherets peinliche Nachfrage, die gleichsam eine Feststellung war. Louis schluchzte auf, presste ein gequältes Nicken aus sich heraus und fiel in sich zusammen, sein bleiches Gesicht verbergend.

Das Bild verblasste. Antoine Bécheret klappte das Tagebuch traurig zu. Recht demütig stellte er in jener Nacht die Milch auf den Ofen in der Küche und ließ sie schäumend überkochen. Er wischte, schabte und kratzte das klebrige Malheur von den heißen Eisenringen. Was für ein Kind, ging es ihm durch den Kopf, den zerschlissenen Putzlappen auswringend.

Louis sprühte förmlich in dem Bestreben, sich seine Umwelt anzueignen. Anders als die anderen Kinder interessierte sich der Junge auch für das noch so kleinste Detail in den Dingen. Nur die Sache mit dem Lesen und Schreiben wollte sich nicht finden. Wie auch? Bécheret schöpfte die Fettaugen von der Milch und goss sie erneut in den blechernen Topf. Anschließend nahm er sich ein Stück Brot und setzte sich an den Küchentisch. Er aß und dachte nach im Angesicht der tickenden Küchenuhr.

»Lass es gut sein, Antoine!«, sagte er sich nach einer Weile, bevor er aus den Pantoffeln zurück in sein Bett glitt, das spärliche Licht in der Kammer löschte und sich die Decke bis an sein spitzes Kinn zog.

Es währte nicht lange, und eine krumme Gestalt erstand vor seinem geistigen Auge. Träumte er? Zusammengekauert, die Beine schief, hockte diese Gestalt, ein armselig gekleideter Mensch, auf dem verwaisten Dorfplatz von Coupvray, die Augen mit einem schwarzen Tuch verbunden, einen Stock vor sich. Speichel tropfte von seinen aufgedunsenen Lippen, Narben entstellten sein Gesicht, Brandmale seine klumpigen Hände. Orientierungslos griff er um sich und tastete nach dem Holznapf neben sich. Seine Erscheinung war eine Bankrotterklärung an das Dasein, ja, ein zynisches Zerrbild der

Schöpfung. Der Mensch sprach wirres Zeug, lallte die Worte ohne Zusammenhang in den blanken Tag. Die Blattern, so hatte man Antoine erzählt, hätten Serge das Augenlicht genommen und die fünfköpfige Familie des Tagelöhners in den finanziellen Ruin gestürzt. Die Rocards lebten seitdem von Almosen und von der kläglichen Bettelei ihres geschundenen Familienoberhaupts, ohne jegliche Aussicht darauf, dem Joch der Armut jemals zu entkommen. Wie ungerecht das Leben doch war!

Antoines Hirn glich einem Spinnrad. Trostlos rotierte es um Serge Rocard und auch um Louis. Der Schulmeister konnte es nicht zulassen, dass der Junge später einmal zum Bettler würde, und so rief er sich zwischen zwei schnellen Atemzügen mutig zu: Antoine, du musst dich deiner pädagogischen Verantwortung stellen! Hilf dem Jungen und erspare ihm das unglückselige Leben eines Serge Rocard!

Kaum gedacht, schraubte sich der nächste heiße Gedanke in sein Hirn. Es ließ ihm keine Ruhe.

Nervös klopfte er auf die Bettkante. Ob Palluy Bescheid wusste? Louis litt unzweifelhaft an der Tatsache, sein Wissen allein über das Hören aufnehmen zu müssen. Nicht dumm, wie er war, die quietschenden Griffel seiner Mitschüler in den Ohren, hatte der kleine Kerl seine Situation längst durchschaut, wenn auch unbewusst. Antoine fühlte das Dilemma, in dem er selbst steckte. Er grübelte ohne Unterlass. Gab es partout nichts auf dieser Welt, womit einem blinden Kind das Geheimnis der Schrift beizubringen sei? Schließlich hatte die Menschheit doch auch das Rad erfunden, den Pflug, einen Dreschflegel, gar nicht zu sprechen von all der herrlichen Mathematik und der Astronomie. Antoine dachte und dachte, wickelte einen Gedankenfaden nach dem anderen um sich. Es gab Schiffe, die Ozeane überquerten, Windmühlen, die das Korn zu Mehl vermahlten, und den unsäglichen Irrwitz von Kanonenkugeln. Las man gegenwärtig nicht auch von Überlegungen, sich wieder auszurüsten und zum Nordpol aufzubrechen, der Nordwest-Passage auf der Spur, fernab jeglicher Zivilisation, durch Eis und Schnee? Herrgott noch mal! Seit Tagen dachte er an nichts anderes mehr, Serge Rocards erdrückendes Schicksal vor Augen. Zweifellos ein Schicksal, welches der Mann mit vielen anderen Blinden teilte. Antoine wiederholte das Gedachte in einen Kissenzipfel, wo es ungehört zu verklingen schien.

KAPITEL 4

SONETT NR. 6

Die Marquise Jeanne-Robertine d'Orvellier, eine Seele von Mensch, beschäftigte sich regelmäßig mit dem ihr allzu fürwitzig scheinenden Knaben. Sie fand Gefallen an ihm. Ja, durchaus, ein verwegener Philosoph sei er, weil er den wahren Kern der Dinge sehe. Dazu noch mit Manieren ausgestattet, wie sie nicht besser sein könnten. Sie hielt ihren Hut fest, der wegzuwehen drohte.

»Ah, oui!« Antoine Bécheret pflichtete ihr höflich bei, Madames äpfelnden Wallach betrachtend. Man war sich auf einer Weggabelung irgendwo in der flach gewellten Crêpe-Landschaft zwischen Esbly und Coupvray zufällig begegnet, Bécheret beim Sonntagsspaziergang im Ausgehrock und weißen Hemd, zu Fuß, seinen Esel gesellig an der Leine; sie, die Marquise, im zweirädrigen Einspänner, einem Gig, mit ausladendem Strohhut und apricotfarbenem Kleid. Es war ein verhältnismäßig frischer Sommertag. Der Wind pustete die Zirruswolken recht munter unter der gelben Sonne vor sich her. Schafe grasten in einiger Entfernung. Es roch nach Pflaumen und Pilzen. Ein Gefühl von Fernweh umschlich die Natur.

Die Landstraße lag vor ihm. Der Weg neigte sich ihm zu, war leicht abschüssig. Platt gedrückte Erde, hellbraun und grau, gefurcht, brüchig, vernarbt und aufgeplatzt, das von der Hitze der letzten Tage geschaffene Craquelé. Dazwischen kastaniengroße Steine, Moosflecken, ausgefranst, geklumpt, vertrocknete Grasbüschel, ockerfarben, bis hin zu weiß. Links ein Rebenfeld, aus dem sich ein Schwarm Saatkrähen erhob, sich in ein flatterndes Tuch verwandelte und über der Anhöhe als krächzender Fleck verschwand; rechts Johannisbeere, Haselnuss und hoher Holunder, der natürliche Ackersaum, mit überhängenden Zweigen, Lanzetten und Laub, übervoll von schwarzen Perlen, klebrigen Läusen und Marienkäfern, die nichts anderes im Sinn hatten, als emsig an Stängeln entlangzukrabbeln und Fruchtstände zu besiedeln.

Bécheret hatte den stolzen Vollblüter der Marquise schon von Weitem erkannt. Recht gemächlich hatte sich die Kutsche auf ihn zubewegt, hatte sich dabei gegen den vergissmeinnichtblauen Himmel abgezeichnet und war wenig später neben ihm und dem Esel zum Stehen gekommen. Rhythmischer Zikadengesang setzte ein. Halbschattiges Grün und Amber. Sieben große Linden wachten über die Szenerie. Das Laub sang, die Luft brauste auf. Zwei Hummeln pressten ihre haarigen Leiber gegen den Luftwiderstand. Der dunkle Wallach wieherte sanft in der spätsommerlichen Idylle.

»Bonjour, Monsieur Bécheret!« Die Marquise schaute erfreut unter dem eleganten Verdeck ihres Gigs hervor.

»Bonjour, Gnädigste!« Antoine verbeugte sich freundlich zum Gruß. Sein Esel drehte den Kopf, blinzelte schief und lauschte, wenig verlegen wie er war, dem unverhofften Tête-à-Tête der beiden.

»Welch eine Überraschung, Sie hier anzutreffen, Monsieur.« Das Licht spiegelte sich in den blaugrauen Augen der Marquise, als sie ihren Kopf unter dem Stoffdach nach vorne reckte. Antoines Blick fiel auf die hinter der Korsage verschnürten Hemisphären, die ihm so fulminant wie die polierten Radspeichen des luxuriösen Einspänners vorkamen, dann auf das ebenmäßige Gesicht der Marquise, das dezente Rouge auf ihren Wangen, das feine Näschen, ihre hüftlange schwarze Haarpracht und das tropfenförmige Amulett, das ihren Hals schmückte, ein in Silber gefasster Aquamarin – womöglich ein Familienerbstück. Es verschlug ihm kurz den Atem. War er etwa nervös geworden, der dürre Tintenklecks von einem Schulmeister? Mit so viel plötzlicher Anmut hatte er nicht gerechnet. Er blickte zur Seite und räusperte sich vor so viel Wimpern. Dieses Gig, oh, là, là!

Er führe den Esel aus, so gab er zur Antwort, ein Büchlein mit Poemen in der Rocktasche. »Das Tier ist wie der Mensch. Es braucht Bewegung und Kultur, nicht wahr!« Antoine lachte und strich dem Grauen über die weichen Nüstern. Der Wind blätterte im trockenen Gras.

Bécherets Humor kam nicht ungelegen. Weshalb? Nun ja, der Marquis d'Orvellier hatte wieder einmal ein Wildschwein erlegt und die elende Sau von seinem Koch zubereiten lassen. Jeanne-Robertine, der das Abnagen der Knochen zutiefst zuwider war, hatte sich, unter dem Vorwand der Migräne, von dem Festbankett bereits nach der Vorspeise, einer groben Leberpastete, davongestohlen. Sie war entschlossenen Schrittes, mit wehendem Haar durch die hohen Türen nach draußen geeilt, hatte den Wallach vom Stallburschen anspannen lassen und war mit einem kräftigen »Allez!« in die Stille geflohen, weit weg von jeglichen Krüstchen, Keulen, Innereien, Rückenstücken, Filets und gefüllten Schweinebäckchen an frisch geröstetem Zwiebelbrot und Erbsenpüree, das pfauenhafte Jägerlatein der Anwesenden hinter sich lassend. Bon appétit! Sie machte keinen Hehl daraus, einem opulenten Mittagsmahl in illustrer Gesellschaft überglücklich entkommen zu sein, und beklagte sich über das cognacgeschwängerte Mannsgehabe der Herrschaft. Erheitert von Bécherets Spöttelei über den Esel, strahlte sie den Tintenklecks an, froh darüber, ihm hier zu begegnen.

»Kommen Sie, Gnädigste!« Antoine war näher getreten und schickte sich an, Jeanne-Robertine beim Aussteigen behilflich zu sein. Vornehm streckte er ihr die Hand entgegen. Wie schön sie doch war, in diesem seidenbestickten Kleid, so dachte Antoine für sich und schielte heimlich nach den Ornamenten und Spitzen an Ärmeln, Brust und Taille. Und erst jetzt, als er ihr so kavaliershaft nahe war und ihm der pudrige Rosenduft ihres Parfüms entgegenschlug, sah er die rubinroten Fäden, die aus der zartweißen Stickerei hervorspitzten.

»Einen Moment noch, Monsieur!« Die Marquise schlang die Zügel um den Holzknauf zu ihrer rechten Seite, erhob sich, raffte das schöne Kleid ein wenig zusammen und hüpfte, voilà, mit Bécherets Hilfe schwungvoll hinab auf den Weg. »Merci, Monsieur! Wie galant von Ihnen.« Sie ließ von ihm ab und strich sich das schöne Kleid zurecht.

Das Gig in einigem Abstand abgestellt, war man an jenem Sonntagnachmittag plaudernd zwischen den mächtigen Linden umhergeschritten und hatte, einen Ameisenhaufen nach dem anderen befragend, über die Welt und deren Zustand philosophiert. Dazwischen setzte sich die Marquise auf einen großen grauen Basaltstein und erfreute sich an den Versen eines gewissen William Shakespeare, die Bécheret aus seinem Büchlein drollig rezitierte.

»Ach, wie wunderbar, Verehrtester!« Jeanne-Robertine zupfte an den Spitzen ihrer weiten Ärmel. Ihre Augen leuchteten gläsern vor Rührung. »Es ist bezaubernd, was Sie da zum Besten geben, Monsieur Bécheret!« Ihr Herz ging auf wie ein Hefeteig. »Ich wusste gar nicht, zu welchen Sentenzen der Engländer fähig ist. Hüte er dies formidable Tintenfass, aus dem er solche Schätze mit der Feder zieht.« Sie fächerte sich frische Luft zu.

Bécheret schwieg für einen Moment, selbst ergriffen von der Poesie. Er flog über die Zeilen, schaute in den blauen Himmel. Auch er war verzückt. Verlegen wich er dem Blick der Marquise aus und wünschte sich ach so sehnlichst, er könnte es William doch gleichtun. Allein, er war ein Dilettant, der in seinen Kritzeleien partout nicht über einen schnöden Jambus hinauskam, und so schaute er also etwas bescheiden auf seine staubigen Schuhe.

Der sonntägliche Nachmitttag rannte dahin, und als man den zu frühen Tod Shakespeares rechtschaffen bedauerte, sich über die Musik eines Händel oder des Herrn Mozart endlich auch Monsieur Rousseau und seinen Ansichten genähert hatte, waren Bécheret und die Marquise unweigerlich auf den kleinen Sattlersohn aus Coupvray gekommen. »Ein Wunderkind!«, schallte es von einer Linde zur anderen. Jeanne-Robertine war voll des Lobes über Louis und trällerte die Worte laut vergnügt hinaus. Sie hob die Nase und bemerkte auf ihre unvergleichlich lebendige Art: »Der Junge macht den Anschein, als wäre er neuerdings den Tasten des Cembalos zugetan. Entzückend! Finden Sie nicht auch?« Sie seufzte überschwänglich und spreizte die Finger, als wollte sie sogleich ein Bach'sches Menuett aufquellen lassen. Außerdem beherrsche Louis die Kunst der Konversation und besitze einen für sein Alter ungewöhnlich feinen Humor. Ihre Brust hob sich charmant.

»Er ist jetzt bald zehn Jahre alt«, schob Antoine Bécheret schnell dazwischen.

»Ist Ihnen aufgefallen, Monsieur Bécheret, dass er eine kindliche Begabung für Spitzfindigkeiten diversester Art an den Tag legt, ohne dabei unhöflich zu sein? Ich würde sogar so weit gehen und sagen, sein Humor ist unverstellt, unverbraucht und frappierend zugleich!«

»Oh, Madame, ich hätte es nicht treffender zum Ausdruck bringen können.« Bécheret nickte ihr zu und sah, wie ein heller Sonnenstrahl durch das Blattwerk hindurch auf das bläulich schimmernde Amulett der Marquise fiel.

»Es ist, was es ist, die gute Schule Palluys.« Jeanne-Robertine schmunzelte und ergänzte sogleich: »Wie mir scheint, unterrichtet er Louis nicht allein im christlichen Glauben.« Sie war aufgestanden und breitete die Arme aus.

»Sondern?« Bécheret merkte interessiert auf, als die Marquise gerade ihre schmale Hand auf die Borke einer alten Linde legte und versonnen nach oben in die Baumkrone schaute.

»Nun ja, wie soll ich sagen, er versorgt ihn mit dem notwendigen Witz und Charme, um in dieser umtriebigen Welt bestehen zu können.«

»Sicherlich nicht verkehrt, Gnädigste!«, sagte er melancholisch, an die Kriegstage zurückdenkend, und reichte seinem Esel etwas Heu zu fressen. Das Tier mümmelte beschaulich vor sich hin und ließ sich eine zärtliche Geste seines Herrn gefallen. Antoines Finger glitten gedankenverloren über das steingraue Fell des Tieres, das das plötzliche Innehalten der Hand noch eher fühlte als sein Herr selbst.

»Louis hat sich gut entwickelt«, räumte Bécheret sachlich ein. »Allerdings habe ich das Gefühl, als könnte der Junge von einer noch gezielteren Förderung profitieren.« Der Pädagoge sprach aus ihm. »Wir müssen uns um sein weiteres Fortkommen Gedanken machen, wenn ich das so sagen darf, Madame.«

Die Marquise wusste nur allzu gut, was er damit meinte, und entgegnete daraufhin: »Haben Sie mit den Eltern gesprochen?«

»Durchaus, immer wieder. Die Brailles sind zum Glück verständige Leute, wenn Sie mich so fragen. Sie haben einen respektablen Anteil an dem bisher erlangten Erfolg ihres Sohnes, wenngleich sie dies niemals zugeben würden.«

»Bewundernswert!« Jeanne-Robertine schaute zum Gig, das mit dem Wallach zusammen noch am Weg stand und auf sie wartete. Zaumzeug, Scheuklappen und Zügel stammten aus der kleinen Sattlerei in Coupvray. Vom Marquis in Auftrag gegeben, handelte es sich um eine solide und ebenso schöne

Arbeit. Bécheret folgte Jeanne-Robertines Blick und glaubte, ihre Gedanken lesen zu können. Er wurde redselig.

»Der Junge ist begabt. Er hat eine blühende Fantasie, dazu eine Gedächtniskammer so groß wie das Schloss eines Königs.«

Ein merkwürdiges Bedauern lag in Antoine Bécherets Worten. Wollte er sich für etwas entschuldigen? Jeanne-Robertine horchte auf.

»Es tut mir in der Seele weh, dass ich dem lernbegierigen Jungen zunächst so ablehnend gegenüber eingestellt war.« Der junge Lehrer kramte in den engen Schubladen seiner Erinnerung und verzog die Mundwinkel, als ihm der Inhalt der Lade krachend entgegenflog. Er war einem pädagogischen Fehlurteil erlegen gewesen. Man konnte es ihm nicht verübeln, konnte er doch auf keine sonderpädagogische Ausbildung zurückblicken.

Jeanne-Robertine betrachtete den Büßer mitleidsvoll, wie er so dastand, innerlich vom Schulmeister zum Schuljungen geschrumpft, die Hände in den Rocktaschen, als wollte er sich verstecken, sich kleinmachen.

Seine anfängliche Skepsis hinsichtlich der Beschulung eines blinden Kindes hatte sich zum Glück als überflüssig und überängstlich, ja als zu defätistisch herausgestellt. Bécheret, der sich im Unterricht manchmal nicht anders als mit der schweren Messingglocke zu helfen wusste, hatte glücklicherweise die außerordentliche Intelligenz des Jungen erkannt, der, so wie Palluy es angekündigt hatte, seinen Klassenkameraden in nichts nachstand, ja diese bisweilen um Längen übertraf. Während sich die Klasse bei den Rechenaufgaben noch mit der Tafel abmühte, flüsterte ihm der kleine Archimedes das Ergebnis längst ins Ohr, sodass es die anderen Kinder nicht hören konnten. Antoine grinste von Mal zu Mal mehr, amüsiert über die lustigen Bemerkungen des Knaben in seinem Unterricht. Als er Louis das große Einmaleins beibrachte und dieser ihm drei Tage später alle Lösungen aus dem Stegreif wie Kalenderverse dahersagte, hatte er die graue Pforte des Schulhauses an jenem Tag mit einem seltsamen Gefühl geschlossen. Den steinigen Weg zu den Häusern im Dorf hinunterstolpernd, gelangte er zu der bemerkenswerten Erkenntnis, dass ein blindes Kind weit mehr zu erreichen imstande war, als man ihm landläufig zutraute.

Bécheret stellte sich neben die Marquise und konstatierte einfühlsam: »Louis braucht eine Perspektive für sein späteres Leben!« Seine Stimme wurde eindringlich. »Wir müssen ihn in die Lage versetzen, sich einmal selbst ernähren zu können. Die Frage ist nur, wie.«

Der Schulmeister schloss die Lippen und schaute in sich hinein, so auch Jeanne-Robertine. Die Flügelschläge einer Amsel lösten die Stille, die jäh entstanden war. Die Marquise d'Orvellier war von dem mächtigen Baumstamm zurückgetreten. Sie wirkte in sich gekehrt, nachdenklich. Die Unbeschwertheit des Nachmittags verblasste augenblicklich unter dem milden Licht der Laubbäume. Antoine blickte ihr fragend ins Gesicht. Das Augenspiel der Marquise mutete unruhig an.

Das leichte Zittern der Pupillen, es war wieder da und foppte sie gar zu leidvoll. Die Ratlosigkeit, die auf einmal in Bécherets Tonfall lag, hatte ihre weiche Seele angerührt und offensichtlich ihren missliebigen Nystagmus zum Vorschein kommen lassen. Sie wusste nicht, wohin mit sich. Das Bild verrutschte, Bécherets rechte Kinnhälfte verrutschte, hing schräg nach unten. Die Marquise kniff die Augen zusammen, woraufhin Bécherets rechte Kinnseite wieder ins richtige Bild schlüpfte. Mon Dieu, sie fühlte ihre Lippen, die Zunge, ihre Unsicherheit. Jeanne-Robertine stocherte durch das Geäst ihrer Gedanken, bemüht, eine Antwort darauf zu finden, wie Louis zu helfen sei. Als sie erneut in Bécherets betretene Miene blickte, spürte sie ein allzu sprödes Unbehagen, ein

Stocken. Wie dumm! Das Schreckgespenst des blinden Serge Rocard war zurück, saß dem Tintenklecks wie eine Klette am Revers über dem Herzen und hatte auch sie, Jeanne-Robertine, erfasst. Sie zögerte, drehte sich auf den Fersen, spreizte die Finger ihrer Hände unbewusst zu einer Raute und überlegte, wie dem kleinen Braille denn nur zu helfen sei. Und siehe da: Eine sanfte Idee formte sich, bahnte sich einen Weg, von Finger zu Finger, durch die Raute hindurch, die jetzt wie ein Gedankenprisma wirkte. Die Idee lief durch ihren Bauch, durch das Zwerchfell und den Solarplexus, zum Herzen, in den Kopf und erstand zwar ganz unvermutet, aber doch umso klarer.

»Ich werde mit dem Marquis über die Angelegenheit sprechen. Er hat Beziehungen zum Bischof in Meaux und zu einflussreichen Personen in Paris. Vielleicht kann er etwas für den Jungen in die Wege leiten.« Ein Schmetterling kreiste vor Jeanne-Robertines rechtem Knie. Sie betrachtete das Tier, die lautlosen Flügelschläge, sah den sonderlichen dunkelbraunen, fast schwarzen Staub an der Unterseite der Schmetterlingsflügel und bewunderte im selben Moment die Lebendigkeit des kleinen Geschöpfs, das unversehens hinwegwischte und sich auf eine nahe Blüte setzte.

»Lassen Sie uns optimistisch bleiben, Monsieur.«

Bécherets Esel stupste den Wallach der Marquise mit der Nase energisch an, um auf sich aufmerksam zu machen. Bécheret zog den Rabauken zurück.

»Ein putziges Wesen, Ihr Esel.« Sie musterte das Tier. Erst jetzt wurde sie sich des dunkelgrauen Eselstrichs auf seinem Rücken bewusst, der weißen Fesseln und des weißen Bauchs, der sie an den Rumpf eines kleinen Bootes erinnerte. Welch sonderbare Wege der Geist doch manchmal ging. Der bauchige Esel, das bauchige Boot. Sie vertauschte die Bilder, ohne es zu wollen. Die Bilder ruckelten, tauschten sich zurück, Vorboten einer Migräne.

»In der Tat!«, so Bécheret. Der freche Esel sei ihm zusammen mit Haus und Hof überlassen worden. Bécherets Wegbegleiter klappte ein Ohr zur Seite und schnaufte etwas lethargisch. Jeanne-Robertine hatte den schmalen Schuh indes auf den Fußtritt ihres eleganten Fuhrwerks gestellt und machte sich daran, den Kutschbock zu erklimmen.

»Ach, unser Louis.« Sie schaute sentimental über den Rücken des Esels hinweg zum Kirchturm des kleinen Dorfes, bevor sie sich anschickte, unter dem schwarzen Verdeck Platz zu nehmen und die Zügel zu lösen. Der Wallach schnaubte nervös und scharrte mit den Hufen, den nahen Aufbruch spürend. Ein letzter erwartungsvoller Blick zu Bécheret, der von der Kutsche seitlich zurückgetreten war, um Platz zu machen.

»Wann besuchen Sie beide uns wieder einmal im Chalet? Louis und Sie, Monsieur? Es wäre mir eine Freude!« Der Tintenklecks blinzelte verlegen gegen die Sonne.

»Gerne, gnädige Frau!« Er legte die flache Hand über die Augenbrauen. »Lassen Sie es mich wissen, wann es Ihnen und Ihrem erlauchten Gatten passt.«

»Der Junge ist ein Apostel des Lichts, auch wenn er blind ist. Verkannt wie alle Heiligen. Glauben Sie mir, in ihm schlummert etwas ganz Ungeahntes, etwas, das uns alle noch einmal überraschen könnte.« Jeanne-Robertine gab dem Pferd daraufhin ein leises Zeichen. Voilà! Das Tier schnaubte und setzte zum langsamen Trab an, nicht wissend, dass seine Herrin soeben eine fabelhafte Prophezeiung ins Tagebuch der Geschichte geschrieben hatte. Realisierte sie es denn selbst, was sie da in Bécherets Gegenwart resümiert hatte? Wohl schon, fühlte sie doch insgeheim die Zäune und Gatter, die Fantasielosigkeit mancher Menschen, wenn es um die Erziehung eines blinden Kindes ging. Aufklärung hin, Aufklärung her! Geisteshaltungen ließen sich nicht erzwingen. Dem blödsinnigen Volk galt der verkrüppelte Nachwuchs schlechthin als Strafe, als Fluch Gottes, nichts anderes. Louis konnte von

Glück sagen, dass er in einer Familie aufwuchs, die sich solch erbärmlichen Gedanken widersetzte und auf Menschen traf, die ihn als das behandelten, was er war – ein Kind.

»Lassen Sie uns eine Bootsfahrt mit dem Jungen unternehmen!«, rief es plötzlich unerwartet aus dem Gig.

Die Marquise hatte sich beim Anfahren nach ein paar Metern noch einmal umgedreht und winkte Bécheret jetzt zu. Der Schlaks von einem Tintenklecks hob seinen Hut zum Abschied in die Luft. Der Esel aber verdrehte nur die Augen, seufzte elegisch und spitzte das Maul nach dem Büchlein in Antoines Rocktasche. Das weiche Papier hatte es ihm anscheinend angetan, und so kaute die Kreatur, mit weit aufgerissenen Augen, verzweifelt an Williams Sonett Nr. 6.

KAPITEL 5

RUE SAINT-VICTOR NR. 68

Paris, noch im selben August des Jahres 1818. Die Luft vibrierte. Eine Schwalbenmutter würgte ihre schleimige Beute in das Nest unter den Dachsparren der Rue Saint-Victor Nr. 68. Der Brei, eine sämige Masse aus Insektengekräus, Madenresten, Larven und zerfetzten Blattläusen, landete in den weit aufgerissenen Schnäbeln ihrer Brut. Gierig, von unersättlichem Hunger und Lebensdrang getrieben, verschlangen die beiden Jungvögel das Halbverdaute, um sodann erneut in ein fürchterliches Gepluster und Gekreische auszubrechen. Es war um die Mittagszeit. Drunten, im Erdgeschoss des fünfstöckigen Internatsgebäudes, saßen sich zwei Männer gegenüber. Diskret, durch eine doppelte Tür zum Korridor hin abgeschirmt, unterhielt man sich. Kindergeschrei war durch das Fenster zu hören, ebenso das 12-Uhr-Läuten der hauseigenen Kapelle.

Sébastien Guillié klappte den ziegenledernen Einband seines Notizheftes auf und ignorierte geflissentlich das aufgeregte Klopfen an seiner Tür. Das beschauliche Kabinett, zu welchem den Schülerinnen und Schülern nur in Ausnahmefällen der Zutritt erlaubt war, war das gekalkte gelbstichige Reich des ehemaligen Militärarztes und jetzigen Schulleiters der Nationalen Blindenschule in Paris, INJA.

Der 38-Jährige, dem man tadellose Manieren nachsagte und der auf Geheiß des Innenministeriums mit ausgewählten Kindern aus dem schäbigen Quinze-Vingts in diese Räumlichkeiten eingezogen war, war bekennender Royalist, treuer Bibelleser und ein gläubiger Verfechter von Moral, Disziplin und Ordnung. Nicht selten sauste hinter verschlossenen Türblättern die äußerst biegsame Reitgerte durch die Luft, die zarten Kehrseiten seiner Schützlinge mit Gehorsam und Demut auf das Leben vorbereitend. Denn was nützte es schon, ein blindes Kind als Strafe in eine dunkle, enge Besenkammer zu sperren? Nichts, rein gar nichts! Von der Pariser Schulverwaltung und dem Ministerium auf seine zweifelhaften Methoden angesprochen, erklärte der selbst ernannte Pädagoge im Brustton der Überzeugung: »Ein blindes Kind, ob Mädchen oder Knabe, kann nur dann zu moralischer Reife geführt werden, wenn es sein ungebührliches Verhalten in einer extremen Art und Weise leiblich vorgeführt bekommt.«

Etwas beklommen und auch hilflos reagierten die Verantwortlichen hinsichtlich dieser seltsam anmutenden Auffassung. Nach einigem Für und Wider aber zog man sich in die weichen Chaiselongues zurück, studierte die eigenen Bäuche und die Tageszeitungen. Man hoffte auf einen Skandal, der dem ganzen Treiben von selbst ein Ende bereiten würde. Geduld war gefragt, ebenso diplomatische Gleichgültigkeit. An beidem mangelte es nicht. Ein wenig müsse man ihn noch ertragen, diesen verschrobenen Ophthalmologen, so der zuständige Staatssekretär im Innenministerium, Étienne Perigot. Schließlich hätte man dem Menschen gerade erst 50.000 Franc für den Aufbau der Nationalen Blindenanstalt in die Tasche gesteckt. Gar nicht zu reden von den hohen Zuwendungen aus dem Säckel des Königs. Was sollte man der Pariser Öffentlichkeit da sagen? Etwa, dass man einem Wahnsinnigen die Unsummen anvertraut habe? »Unter gar keinen Umständen!« Der schlank gewachsene Staatssekretär steckte die Akte zurück in die Untiefen des Schranks, und zwar dorthin, wo auch andere missliebige Fälle dahindümpelten. Die regelmäßigen Berichte, die Guillié aus dem Institut an die Behörde schicke, böten keinen Anlass, ihn zu expedieren, auch wenn der Eindruck bisweilen vorherrsche, einzelne Passagen seien geschönt oder übertrieben. Étienne Perigot feilte sich seine Nägel für den abendlichen Besuch in der Oper, verfasste ein, zwei Depeschen, darunter eine Stellungnahme an die Académie française, und verließ das Ministerium anschließend über den Vordereingang, wo er von einer zweispännigen Droschke erwartet wurde.

In diesem Augenblick, als Simon-René Braille vor Sébastien Guillié saß und eine Rauchschwalbe am Fenster sirrend vorbeizischte, blickte jener auf das Porträt des Königs an der bröseligen Wand. Ein unschöner Schatten lag auf dem Ölgemälde. Die Wangenpartie des Monarchen schien eingefallen und fleckig. Der hagere Schulleiter hüstelte vornehm. Die Luft in dem zwielichtigen Zimmer war abgestanden. Zudem war der mittägliche Essensgeruch aus der Küche vom Innenhof in sein Zimmer gekrochen. Der beißende Duft von Essig stand über den Köpfen der beiden Männer. Sébastien Guillié beugte sich emsig über das weiße Papier und schrieb, während er dem schlicht gekleideten Vater aus Coupvray aufmerksam zuhörte. Tinte floss, das kratzende Geräusch der Guillié'schen Feder war zu hören, Stille, dann die verhaltenen Worte Brailles:

Es sei ein fürchterlicher Unfall gewesen, so Simon-René. Er erinnere sich noch ganz genau an jenen Tag im Juli. Schwül-heiß sei es gewesen, so wie heute. Braille tupfte sich die ernste Stirn mit einem Schnäuztuch und steckte es danach in die Rocktasche zurück. Sein Blick wanderte durch das Zimmer, vorbei an Guillié, der nach einer Fliegenklatsche griff, vorbei an einem mit Reliefbüchern gefüllten Regal, taktilen Landkarten, Rechenschnüren, hin zu einer heruntergebrannten Kerze an einem Wandvorsprung. Brailles Lippen flimmerten unmerklich. Er seufzte laut, gar so, als wollte sich seine Seele Erleichterung verschaffen. So jedenfalls hatte es den Anschein für Guillié.

Der erhob seine Stimme und erklärte in gesetztem Tonfall: »Ihr blindes Kind in die fremde Obhut des Instituts zu geben, kostet die Eltern in der Regel einiges an Überwindung, dessen bin ich mir bewusst, Monsieur Braille. Aber glauben Sie mir, wenn Sie sich dazu durchringen können und Ihren Sohn gehen lassen, so kann dem armen Kind weit größere Bildung widerfahren als zu Hause am heimischen Herd.« Es knallte, und Braille zuckte zusammen. »Pardon!« Der Schulleiter wischte die Fleischfliege, die er soeben mit einem exzellenten Hieb erlegt hatte, vom Tisch. Der Kadaver landete lautlos in einer Ritze zwischen den Holzpaneelen. Unbeirrt wandte sich Guillié wieder seinen Aufzeichnungen zu. »Erzählen Sie ruhig weiter, Monsieur! Ich höre. Was ist dem Jungen also zugestoßen?!«

»Louis hat damals vermutlich mit einem spitzen Gegenstand hantiert, einer Sattlerahle oder einem Stilett, und hat sich das Auge dabei schwer verletzt.« Braille starrte skeptisch auf Guilliés rechte Hand, die sich unentwegt von rechts nach links bewegte und von einer Zeile in die nächste rutschte. Vielleicht sei er gestolpert, ins Straucheln gekommen, an einem Tischbein hängen geblieben, so Simon-René. Vielleicht aber habe er auch versucht, ihm, dem Vater, in seiner kindlichen Naivität nachzueifern.

Guillié räusperte sich. »Durchaus, Monsieur!« Verständig nickte er Braille zu, der sich nun sachte nach vorne über die Tischkante lehnte. In ungeübten Händen, so erklärte er dem Schulleiter, könne sich das Werkzeug, wenn es unkontrolliert auf das harte Lederstück treffe, schnell einmal verkanten, verdrehen oder verspringen. Ihm selbst sei dies auch schon passiert, aber er habe das Glück, Gott sei es gedankt, bisher auf seiner Seite gehabt. Erneutes verständiges Nicken von Guillié. Simon-René senkte das Haupt unversehens und lauschte in sich hinein.

»Es ist mein Fehler gewesen.« Der Sattler stockte sichtlich betrübt. Seine Miene verfiel in ein sekundenlanges Stagnissimo. Die Worte, die er eben noch zu formulieren gedachte, zerfielen ihm auf der Zunge, rutschten ihm seitlich davon in die hohle Wange, Silbe für Silbe. Mon Dieu! Braille wankte auf dem Stuhl, das Gesicht in seinen großen Händen verbergend. Sébastien Guillié taxierte sein Gegenüber indes durch die dicken Augengläser und erkannte die schwere Bürde, die auf Brailles breiten Schultern wie Baumstämme lastete. Er, Simon-René, habe die Tür zur Sattlerei offen stehen lassen, als er einem Bauern beim Anlegen der neuen Zügel zur Hand ging. Drei Jahre alt sei Louis damals gewesen. Der arme Kerl! Guillié schauderte innerlich, als er die Worte las, die er notierte. Braille fuhr beklommen fort, die Hände wie zum Gebet auf dem Schoß. Er habe das Kind schreiend auf dem Fußboden in der engen Werkstatt gefunden, blutüberströmt zwischen Lederresten. Geistesgegenwärtig habe er den Jungen aus dem Staub hochgerissen und ihn sofort in die Küche gebracht, wo ihm seine Frau, einer Ohnmacht nah, saubere Tücher und Wasser angereicht habe, um dem Unglücksraben das verletzte rechte Auge, so gut es ging, auszuwaschen. Wie am Spieß habe er geschrien, »Maman, Maman«, sich vor Schmerzen elendiglich hin- und hergewunden und sich geschüttelt. Der Junge sei ein einziges großes Herz gewesen, das in jenem Moment mächtiger als die große Glocke von Saint-Pierre, der Kirche im Dorf, schlug. Er, Simon-René, habe zu Gott gefleht, er möge ihn schützen, ihren kleinen »Benjamin«, wie sie ihn zu Hause zu Ehren des Bischofs liebevoll nannten.

Ein aufgewecktes und wissbegieriges Kind sei er, ihr Louis. Das jüngste Kind, der Nachzügler in der Familie, den seine geliebte Frau Monique am 4. Januar des Jahres 1809 zur Welt gebracht habe. Braille hielt kurz inne. Ein schlechter Esser sei er gewesen, ihr Louis, auch schwach. Der Junge sei regelmäßig an Moniques Brust eingeschlafen, so erschöpft hätte ihn das Stillen. Das müsse man sich einmal vorstellen. Er fasste sich an die Schläfe. Man habe wirklich Angst gehabt, ja, durchaus – Angst, er könne vor Schwäche sterben. Der Geistliche von damals, mittlerweile verstorben, habe das kleine Bündel von einem Kind drei Tage nach seiner Geburt mit Rosenwasser in der kalten Kirche getauft, ohne dass das Kind etwas davon bemerkt hätte. Allein die Nasenflügel hätten dem Säugling ein wenig gezuckt, als Monsieur das Vaterunser über ihm sprach und die Orgel erklang, gar so, als wäre alles ein gnädiger Zufall im Leben.

Sébastien Guillié, den mit sich ringenden Vater betrachtend, war angesichts der Erzählung zugegebenermaßen berührt.

»Nehmen Sie, Monsieur!« Er schob Braille das Tablett mit einem Krug Wasser und zwei Gläsern zu. Guillié setzte die Brille ab und legte sie zur Seite. Die beiden Männer schauten einander betreten an. Guillié erhob sich und suchte Brailles braune Augen. Dann, nach einem tiefen Atemzug, wandte er sich tröstend an ihn und sagte:

»Der liebe Gott vergibt Ihnen, Monsieur! Wir Menschen sind klein und das Schicksal so groß und so gewaltig, dass es uns prüft. Es ist an uns, die Vorsehungen anzunehmen, die uns der Allmächtige auf die Erde schickt und auferlegt. Seien Sie gewiss, der Junge wird es bei uns gut haben! Er wird es Ihnen als Eltern später einmal danken, wenn Sie und Ihre Frau sich für seine Aufnahme in unser Haus entscheiden, glauben Sie mir! Wir werden Ihrem Louis das Schreiben und Lesen beibringen, und wer weiß, vielleicht wird er eines Tages ja sogar ein Instrument spielen. Wir haben hier etliche Kinder, die trotz ihres beraubten Sinnes zu begabten Musikanten heranreifen. Ganz Paris spricht von der ausgezeichneten musikalischen Erziehung, die die Kinder hier genießen können, sei es am Pianoforte, dem Cello oder auch an der Orgel.« Guilliés Augen glänzten jetzt. Braille drehte den Kopf indes zur Seite und verdrückte eine heimliche Träne in seinem rechten Augenwinkel.

»Ein Musikinstrument.« Die Reaktion auf Guilliés Ausführungen kam höflich verhalten und einsilbig. Etwas ungläubig ratterte es in Brailles einfachem Sattlerschädel, denn von Musikinstrumenten hatte er nicht die leiseste Ahnung. Zwar überstimmte er mit seinem schmiedeeisernen Bariton den Rest der Familie in der sonntäglichen Messe und die umstehenden Gläubigen in den schmalen Kirchenbänken gleich noch dazu, doch die Bedienung der Kirchenorgel schien ihm ein unvorstellbares Mysterium der Schöpfung zu sein, gleichwohl vom Menschen erdacht, doch ganz sicher von der göttlichen Gnade auserkoren. Sich die Finger und die Füße in dem Gewirr von Tönen, Tasten, Zügen und Pedalen nicht zu brechen schien ihm ein unbeschreibliches Rätsel zu sein, ein Rätsel, das ganz gewiss nur von Auserwählten zu lösen sei. Er kämpfte sich stattdessen lieber mit der Ahle von einem beschaulichen Loch zum nächsten.

Aber warum nicht? Simon-René überlegte bei sich. Wenn der werte Herr von einem Schuldirekteur es denn so meinte! Ein Gesicht tauchte vor seinen Augen auf. Monique zwinkerte ihm innerlich zu und erinnerte ihren Simon-René zärtlich an die Begabungen ihres Sohnes. Gewiss! Ihr Louis war mit seinen neun Jahren nun ein schlauer Bursche. In etwas mehr als vier Monaten wäre er zehn. Vielleicht hatte der befrackte Schulleiter recht, und man konnte Vortreffliches erhoffen. Ein um das andere Mal saß der Junge bei seinem Vater in der Werkstatt und half ihm beim Flechten und Verzwirbeln der dünnen Lederbändchen und Zierriemen. Geschickt stellte er sich dabei an, obwohl er die Umgebung nach dem Verlust des zweiten Auges mit fünf Jahren nicht einmal mehr in Schemen erahnen konnte. Die anfänglich ungeübten Finger des

Kindes entwickelten sich zu feinfühligen Werkzeugen, mit denen es alles Fremde und Unbekannte zu begreifen galt.

»Was ist das, Papa?« Wie eine Forelle glitt der Junge durch die ledernen Schnürchen und Riemchen, verknotete und verflocht diese in so wunderbarer Manier, dass es den Vater mitsamt der Kundschaft in Erstaunen versetzte. Nicht einmal seine älteren Geschwister besaßen derartig flinke Finger, obwohl sie doch sehenden Auges waren. Aber womöglich war es genau dieser Umstand, der sie hinderte, denn in der Sattlerwerkstatt war es nicht immer gut um das beste Licht bestellt. Louis hingegen war es egal, wie hell oder dunkel es sein mochte. Ob Sommer oder Winter, treffsicher führte er die Nadeln durch Schlaufen, Ösen und Litzen, legte Knoten um Knoten und verknüpfte die bunten Bänder, die man ihm hingelegt hatte, mit großer Sorgfalt, ohne ihrer jemals ansichtig geworden zu sein.

»Ein wirklicher Tausendsassa, Euer Sohn!« Jean Bertrand ließ die Peitsche knallen und trieb sein Fuhrwerk stürmisch vom Hof, den stolzen Vater hinter sich stehen lassend. Simon-René stemmte die Hände fest in die Hüften. Ja, wirklich, es stimmte! Der Junge war mitunter so versiert, dass er nicht aus der väterlichen Werkstatt wegzudenken war.

»Sieh dir das an!« Monique Braille bröselte getrocknete Majoran- und Thymianblätter in tönerne Gefäße, als ihr Mann durch das offene Scheunentor schlenderte und ihr eine von Louis' fein gearbeiteten Troddeln hinhielt. »Ist sie nicht wunderbar?«

Der Sattler fuhr melancholisch zwischen die dünnen Fäden und verspielte sich darin. Ein zartfühliges Lächeln huschte über Moniques Gesicht hinweg, auch wenn ihr bewusst war, dass Louis das Sattlerhandwerk niemals in vollem Umfang würde ausüben können und dass ihr Ehemann dies niemals wirklich verwinden würde. Sie mussten sich glücklich schätzen mit dem, was sie an dem Jungen hatten, zumal sie beide nicht wussten, wie ein blindes Kind denn aufzuziehen war. Letzteres war augenscheinlich ein Umstand, der auch anderen Menschen größeres Kopfzerbrechen bereitete. Aber gut!

Simon-René war es nach all den Jahren immer noch ein wenig frostig in den Gliedern zumute, wenn er von seinem erblindeten Sohn erzählte, so frostig kalt wie am Tag seiner Geburt im Januar. Manchmal hielt der Sattlermeister die Erinnerung ganz fest in den ledernen Bändern, Riemen und Schnüren, den Schnallen und Schlaufen, die er für die Pferdegeschirre der umliegenden Bauern anfertigte. In jenen Augenblicken, wenn er allein mit sich und allerlei Zierrat war, das Kummetleder in Wasser tauchte, Luftblasen aufstiegen, mutete ihm die Zeit selbst wie ein Stück gegerbtes Rindsleder an. Auf der einen Seite geschmeidig wie eine feine Haut, auf der Unterseite jedoch roh und rau wie der Lauf der Welt, der Widerspruch aller menschlichen Existenz selbst, die unzweifelhafte Ordnung allen Daseins. Glück und Mühsal zugleich, von Gott gegeben und von dem Selbigen während eines beiläufigen Wimpernschlags genommen. Amen. Er schlug das Kreuz vor sich in Gedanken.

Guillié betrachtete den in sich gekehrten Vater, um dessen Hals sich das enge Kummet der Vergangenheit zusammenzog …

KAPITEL 6

DIE GRAUSAME WAHRHEIT

»Bitte helfen Sie ihm, Madame Orestelle!« Simon-René hörte sich die hilflosen Worte laut stammeln. Schiere Verzweiflung war dem 47-jährigen Familienoberhaupt ins Gesicht geschrieben. Der Mann, der die elterliche Sattlerei in dritter Generation übernommen hatte, fühlte, dass er womöglich keinen Nachfolger für den Betrieb haben würde. Sein schöner Traum trieb auf der Marne dahin wie ein ruderloser Kahn im kalten Nebel am Morgen.

»Legen Sie ihn hier auf den Tisch!« Madame zeigte in die Ecke am Fenster. Braille tat, wie ihm geheißen.

»Es wird alles gut, hörst du mich?« Er flüsterte seinem Sohn die tröstenden Worte ins Ohr, doch es schien, als hörte dieser seinen Vater bei allem Schluchzen und Wehklagen nicht. Das Kind blieb teilnahmslos. »Hab keine Angst, mein Kleiner!« Simon-René strich dem Dreijährigen behutsam über das Haar. »Madame Orestelle ist bei uns. Sie wird dir helfen!«

Sosehr sich der Vater aber auch bemühte, seinen kleinen Benjamin zu trösten, sosehr spürte Louis in seiner kindlichen Weisheit, dass ihm in jenem Moment etwas Unwiederbringliches widerfuhr, ein Ereignis, das nicht mehr ungeschehen zu machen sei und das größer war als die mächtige Eiche, die ihm seine älteste Schwester noch am Vortag beim Spielen gezeigt hatte. Stocksteif in den Gliedern und kreidebleich im Gesicht, versuchte er den Erwachsenen um sich herum zu folgen. Doch vergeblich. Es wollte ihm so gar nicht gelingen, ihrem Tun auch nur einen Funken Sinn abzuringen! Ein dicht gewobener Schleier aus Schmerz und Angst legte sich um ihn. Das kleine Herz ging ihm so rasch, so laut, wie er es noch niemals zuvor empfunden hatte. Der Junge schnappte einsam nach Luft. Heiser klangen die Worte seines Vaters, halblaut die Sätze von Madame Orestelle. In der Not hatte man nach ihr geschickt. Monsieur Maré, der Doktor des Dorfes, hatte seine Büchse bei Sonnenaufgang unter den Arm geklemmt und weilte bei einer Treibjagd zwei Ortschaften entfernt, unerreichbar.

Die Kräuterfrau trat von der Seite an den Tisch heran und besah sich das Übel. Das Kind zitterte am ganzen Leib. Schweißperlen standen auf seiner flachen Stirn. Madame, von den Leuten im Dorf die Druidin genannt, fühlte den Puls des Jungen.

»Louis, hörst du mich? Antworte mir!«

Der Junge antwortete nicht. Das gesunde linke Auge halb geöffnet, starrte er apathisch an die Küchendecke, von wo sich gerade eine Spinne abseilte. Ein jämmerlicher Laut entfuhr seinen schmalen Lippen.

In seinem Kopf dröhnte es so blechern wie in den Töpfen und Pfannen seiner Mutter, wenn sie diese im Spülstein sauber machte. Madame Orestelles zärtliche Stimme lief an seinem Ohr vorbei und prallte hart gegen die Wand. Fremd war ihm zumute, wie er so dalag, auf dem harten Tisch, zusammengeschrumpft, mit angezogenen Beinen, die Arme schützend vor der Brust, ein wimmerndes Kindsknäuel in einem Sturm von Gefühlen. Was war das nur? Ein seltsamer Geruch umgab die Madame, krautig-bitter, süßlich und auch schwer, für ihn so ganz anders als der sonst so vertraute Geruch seiner Mutter. Ohnehin! Wo war sie? »Maman!« Er schrie es hinaus.

»Halten Sie ihn fest, Monsieur Braille!« Madame Orestelle machte sich daran, den bereits von Blut und Tränen durchfeuchteten Leinenverband zu entfernen. Simon-René hatte ihn seinem Sohn allzu laienhaft angelegt, wie er jetzt sah. »Hier, nehmen Sie!«

Der Vater schluckte. »Allmächtiger!«

Reste von Blut, Staub und Fusseln klebten an Wimpern und Lidrändern. Eine hässliche Schwellung hatte das Auge entstellt.

»Werden Sie ihm helfen können?« Seine sorgenvolle Frage erstickte in den stumpfen Holzbalken über ihren Köpfen. Doch Madame Orestelle ließ sich zu keiner Antwort bewegen. Wortlos betrachtete sie den Jungen. Die rechte Gesichtshälfte schien wie gelähmt. Schnell, dachte sie bei sich, griff in die Tasche ihrer Schürze und zog ein Vergrößerungsglas hervor, das sie einmal bei einem Pariser Uhrmacher erstanden hatte und das ihr jetzt von Nutzen war. Behutsam schob sie das Oberlid des verletzten Auges nach oben und wurde sich unversehens des ganzen Ausmaßes bewusst. Das Auge des Kindes war nicht mehr zu retten. Eine tiefe Wunde klaffte darin. Das Werkzeug hatte offensichtlich die Hornhaut aufgerissen. Unter dem Lupenglas zeigten sich die Umrisse einer Kerbe, deren Tiefe sich kaum erahnen ließ. Das Auge des Dreijährigen kämpfte ums nackte Überleben. Der Junge musste Höllenqualen durchleiden, wie es schien. Träne um Träne schoss aus dem geschundenen Organ. Madame fühlte den Stich des Schicksals messerscharf in ihrem eigenen Herzen, so sehr nahm sie das entsetzliche Unglück in Beschlag. Vorsichtig betupfte sie die Lider des Jungen mit einer bernsteinfarbenen Tinktur, einem Blütenwasser, das sie gegen Entzündungen und Schmerzen gebrauchte.

Die Wahrheit war ein schauerliches Gespenst. Fahl und blass war es, dieses Gespenst. In Lumpen und Fetzen gekleidet, war es über die Brailles gekommen, hatte das breite Maul aufgerissen und ihnen entgegengeplärrt. Jawohl! Monique, die Mühe und Not hatte, Marie Celine vom Haus fernzuhalten, um ihr den schlimmen Anblick ihres Bruders zu ersparen, zerbrach, einer Porzellanpuppe gleich, in tausend winzige Splitter, so grell schrie sie die Wahrheit an. Die zierliche Frau presste sich die Schürze wimmernd vors Gesicht, als Madame Orestelle ihr die grausame Botschaft eröffnete. Salzige Tränen rollten über ihre Wangen. »Gott stehe Ihnen bei! Es tut mir leid! Ich kann Ihrem kleinen Louis nicht helfen, so gerne ich es auch wollte!« Sie stieg die staubigen Lehmstufen vor der Haustür hinab und blieb auf dem vermoosten Absatz stehen. Ratlos schaute sie zu dem Ziehbrunnen im Hof. Der Wind löste eine lange Strähne aus ihrem Haar. Die Kräuterfrau rang um Fassung.

»Hier, für Sie!« Madame Orestelle hatte sich noch einmal umgedreht, in ein längliches Säckel aus Flachs gegriffen und reichte Monique Braille, die ihre Schürze nach unten sinken ließ, ein kleines Fläschchen.

»Was ist das?«, ihre leise Frage.

»Nehmen Sie! Es sind Tropfen gegen das Fieber, das ihn ereilen wird.« Die Kräuterfrau ging die klapprige Dorfstraße hinunter und sollte recht behalten. Noch in derselben Nacht versammelte sich die ganze Familie mit nassen Umschlägen an Louis' Lager und hoffte, das Wundfieber möge ein Ende finden.

Es gäbe noch viel zu erzählen von den Monaten des Hoffens und Bangens, von den Konsultationen bei Monsieur Maré und bei einem windigen Scharlatan im Nachbardorf Esbly, auch von den unzähligen Besuchen bei Madame Orestelle, die ein Mittelchen nach dem anderen aus ihren Schubladen und Schränkchen holte, um dem Jungen wenigstens Linderung von den Schmerzen zu verschaffen. Unzählige Kerzen wurden in den heiligen Gemäuern von Saint-Pierre entzündet, Fürbitten in der Messe gelesen, Gebete gesprochen. In Rosenkränzen verlor man sich, ein Zeichen göttlichen Trosts für sich und den Jungen erbetend. Aber es sollte noch schlimmer kommen. Die schweren Entzündungen, die sich in den Monaten nach dem Unfall zu allem Unglück bildeten, sprangen auf das gesunde linke Auge über. Unnachgiebig verrichtete der Schöpfer sein grausames Werk und ließ den Jungen blind zurück.

»Seht ihr es jetzt endlich?«, schrie Hervé Flament aufgebracht und wütend von seinem Misthaufen mit hochgekrempelten Hemdsärmeln herunter. »Es gibt keine Gerechtigkeit und auch keine göttliche Gnade! Ich habe es schon immer gesagt. Wenn ihr mich fragt, ich glaube allein an die Revolution!«, sagte er und rammte die Mistgabel unter sich in den stinkenden Dreck seiner Kühe.

Hatte der junge Bauer recht? Den Leuten aus dem Dorf ging die Sache an die Nieren. Die Brailles waren eine fleißige und gottesfürchtige Familie, denen das Schicksal gar böse mitspielte. Tiefes Entsetzen machte sich allenthalben breit, man war erschüttert. Auch wenn die Wege des Herrn manchmal verschlungen und unergründbar waren, so schien es doch, als wäre der liebe Gott dieses Mal wahrhaftig zu weit gegangen. Das einst fröhliche Funkeln in Louis' Augen war einer traurigen, herzzerreißenden Leere gewichen. Matt war sie, jene Leere, wenn die Menschen dem Kind an der Hand seiner Eltern begegneten, so matt und trübe wie das Glas in den Fensterscheiben von Saint-Pierre an dunklen Novembertagen. Und so drehten sich die Menschen in ihren Strohbetten des Nachts, wenn der Mond schien, von einer Seite auf die andere, des Jungen und seiner Eltern gedenkend. Insgeheim suchten sie alle, ob Frauen oder Männer, nach einer Antwort auf das, was ihnen der Allmächtige zuschrieb. Aber es nützte nichts. Die biblische Suche nach einer Antwort war sinnlos!

KAPITEL 7

EIN KORB MIRABELLEN

»Wie sind Sie überhaupt auf das Institut gekommen, wenn ich mir die Frage erlauben darf, Monsieur!« Guillié zerschnitt das Braille'sche Gedankennetz jäh von der Seite.

Simon-René hob seinen müden Schädel. Abbé Palluy habe seine Frau und ihn nach der Andacht zu sich genommen. Die Mirabellen im Pfarrgarten pflückend, habe der ehemalige Benediktinermönch das Wort an sie gerichtet und ihnen erklärt, dass der Junge auf eine andere Schule müsse. So wie sie ihn verstanden hätten, missfielen dem Abbé die von oben neu verordneten Lehrprinzipien. Es sei gegen die Kirche, was sich die Obrigkeit in der Schule erlaube, so habe Jacques Palluy gewettert und das Ganze als bittere Farce bezeichnet, ein Drama, das Tradition und Autorität der Kirche absichtlich untergrabe.

Braille biss sich auf die Unterlippe, wusste er doch nicht einzuschätzen, wie sein Gegenüber auf diese freimütige Tirade reagieren würde. Seine Frau und er verstünden nichts von diesen Zwistigkeiten, so Simon-René. Sie seien einfache Leute, gläubige Menschen, und hätten wie viele andere unter dem Krieg und den Pocken gelitten. Er erinnere sich noch gut an die russische Armee, auch an die preußische, wie sie in Coupvray eingefallen seien, nachdem Napoleons Truppen abgezogen worden waren. Auch ihr Haus sei von dem Unheil nicht verschont geblieben. Fässerweise habe man ihnen den

Wein geleert und das letzte Haar vom Kopf gefressen. Braille schnaufte mürrisch und ballte die Faust. Er könne von Glück sagen, dass er das Sattlerhandwerk erlernt habe. Es habe ihm und seiner Familie das Leben gerettet. Aber nun gut! Wie es auch sei, man vertraue Abbé Palluy. Dieser sei neben dem Bürgermeister und dem Lehrer der einzige gebildete Mann im Dorf. Braille hielt kurz inne, kratzte sich an seinem runden Kinn und schaute verlegen, als müsste er sich schämen. Dabei gab es eigentlich keinen Grund dafür. Auch wenn sich der Sattlermeister beim Abfassen von Briefen weit weniger arriviert als beim Hantieren mit dem Locheisen anstellte, so musste er sich nicht schämen, waren in seiner Familie doch alle des Lesens und Schreibens mächtig. Und auch das Rechnen beherrschte man. Wie anders sollte er sonst einen Handwerksbetrieb führen? Federn und Tinte gab es reichlich im Haus. Dafür sorgte allein schon Monique. Ihrem Louis habe man auf Geheiß des Dorfschullehrers hin die Buchstaben des Alphabets mit Polsternägeln auf einem Holzbrett beigebracht, so Simon-René stolz, Letter für Letter, von A bis Z.

»Ach was!« Guillié drehte den Kopf und starrte über den Hof zu einem der Werkstattfenster, wo er einen Schatten wahrnahm. Der Schulleiter lächelte überheblich in die hohle Hand. Brailles Erfindungsgeist amüsierte ihn, und so fragte er den Sattler, ob sich denn auch Tapeziernägel für derlei Unterweisungen eigneten. Braille antwortete zustimmend von der Seite, das Guillié'sche Profil vor sich.

»Oh, warum nicht! Es käme auf einen Versuch an.« Der Sattler hämmerte die teuren Nägel in seiner Vorstellung couragiert vor sich in die Tischplatte. Holz splitterte, es knackte, und Simon-René kam nach einer Pause wieder auf Jacques Palluy und dessen Mirabellenernte zurück. Der Abbé, der sich in all den Jahren auf das Barmherzigste um Louis' Fortkommen gekümmert habe, sei, wie jener selbst einzugestehen hatte, bedauerlicherweise am Ende seiner Weisheit angelangt.

Es raschelte um sie herum. Simon-René hielt dem Abbé die wacklige Leiter. Palluy war auf der vorletzten Sprosse angekommen. Er schnaufte und ächzte wie ein Ardenner Gaul im Geschirr.

»Ich kann Eurem Louis beim besten Willen nichts mehr beibringen. Er muss nach Paris.« Palluy hatte einen Ast halsbrecherisch zur Seite gebogen und lugte zum Fuße des Baumes hinab, wo die beiden Eheleute standen und andächtig zu ihm aufsahen, gerade so, wie sie es in der Messe taten, wenn der Abbé von der Kanzel herab zur Gemeinde sprach. »Er ist des Lateinischen weitaus mächtiger als ich selbst. Von seiner mathematischen und sprachlichen Begabung will ich erst gar nicht reden!« Palluys Schere schnippte im Sonnenlicht. »Der Junge kennt die Bibel besser als sein Lehrmeister, dem die Augen mittlerweile einen Streich nach dem anderen spielen.« Ein sanfter Wind berührte ihn.

Auch wenn der Geistliche mit dem grau melierten Haar das zuletzt Gesagte beschmunzelte, Jacques Palluys Worte klangen nicht wenig sentimental, als er Monique Braille eine Handvoll reifer Früchte von der Leiter nach unten anreichte. Sie legte die Mirabellen vorsichtig in den Korb. Morsches Knacken. Der Abbé verlagerte sein Gewicht. Er riss ein dünnes, ausgemergeltes Ästchen ab und warf es an Simon-René vorbei nach unten ins Gras.

»Seien Sie dort oben vorsichtig, Abbé!« Monique zeigte zu einer dicken Astgabel.

Palluys Schere schnitt sich von Zweig zu Zweig. Wenn er schon einmal im Baum stand und die Mirabellen holte, wollte er den knorrigen Burschen auch gleich noch ein wenig auslichten. Ein dürres Laubblatt löste sich aus dem Geäst und sank auf Moniques Kopf.

Hatte sie da richtig gehört? Paris? Fahrig wischte sie sich das Mirabellenblatt von der Stirn. Zittrig war ihr mit einem Mal, auch schwach, wie sie so auf der hohen Wiese stand,

Simon-René schweigend neben sich, die Leiter, Palluys Stimme über ihnen, ihr eigener Blick fest in den Strohkorb gerichtet und sich zwischen all dem saftig-süßen Duft, dem Gelb, Grün und Rot verlierend. Nein! Monique Braille schluckte. Sie mochte sich ihr Heim partout nicht ohne den Jungen vorstellen, zumal Marie Celine, die jüngste Tochter, es den beiden älteren Geschwistern sicherlich bald gleichtäte und sich vielleicht schon im darauffolgenden Jahr vermählen würde, wer weiß!

Paris. Noch einmal hörte sie Palluys Stimme in sich sprechen. Der warme Boden schaukelte unter ihren Holzschuhen. Monique Braille fühlte eine plötzliche Einsamkeit, wie sie sie noch nie gefühlt hatte, eine stumpfe Leere zwischen Himmel und Erde. Und sie, so schien es ihr, war mitten darin und suchte nach einem Horizont, nach einem Wegweiser. Was geschah da mit ihr, so fragte sie sich recht benommen in jenem Augenblick. Das Phlegma der Erinnerung kreiste um ihren Leib. Den Jungen, ihren Louis, abzugeben, an eine dreckige, laute und stinkende Stadt, wie es Paris nun einmal war, schien ihr so gänzlich absurd. Ihr Brustkorb hob und senkte sich unruhig. Das Zwerchfell wölbte sich ihr, machte sie kurzatmig und steif wie eine greise Frau. Welch mageres Zuhause erwartete sie alle ohne ihren jüngsten Sohn. Der Gedanke schmerzte sie aufs Verderblichste. Monique Braille schloss ihre Augen für einen Moment. Dann, von einem heißen Blutschauer gepackt, blinzelte sie ins Tageslicht. Fragend, ja Hilfe suchend schaute sie in die Baumkrone zu Palluy, den Korb mit Mirabellen an ihrer Brust. Der Abbé aber drehte sich zur Seite weg.

Verschämt wich der Geistliche Moniques verstörtem Blick unter dem kastanienbraunen Haar aus, die Arme in den blauen Himmel ausstreckend. Suchte er nach dem lieben Gott? Spürte er Monique Brailles stilles Taumeln denn? Fühlte er ihren Schmerz unter der runden Sonne? Sein Schatten fiel ihr dumpf zu. Der Dornenbusch, Pardon, der Mirabellenbaum sprach die Ungewissheit zaghaft aus. Ein leises, furchtsames Murmeln war es, das Monique zu hören bekam, ein karges Wispern, und doch war es ihr auch, als stolperte ein Lamm unbeholfen über die Wiese im Pfarrgarten, zwischen Mauern, Rosen und Schachtelhalm. Da waren sie, die Worte. Immer deutlicher drangen sie an ihr Ohr, an das Ohr einer Mutter, der man ihr Kind mit gerade mal neun Jahren zu nehmen gedachte. Palluys Schere schlug auf der Wiese auf. Der Abbé kletterte die schmale Leiter behäbig herab, klopfte sich den Staub von seinem Gewand und sammelte sich. Dann trat er, sich all seiner Würde besinnend, vor Monique Braille und erklärte sich:

»Glauben Sie mir, Monique, es ist das Beste, was wir für unseren Louis tun können!«

Die Wolken zogen übers Land, die Tage vergingen, und eines Morgens, als drei stattliche Wildgänse die roten Ziegeldächer von Coupvray erblickten, stand Abbé Palluy in seiner frischen Soutane vor der Tür, ein Stück Papier in Händen, darauf die Handschrift des Dorfschullehrers. Monique Braille las Monsieur Bécherets Empfehlung mit dem freundlichen Hinweis auf die Rue Saint-Victor Nr. 68 in Paris, dem Ort, wo sich ein Internat für junge Blinde befinde, offensichtlich unter der Leitung eines engagierten Mannes, eines gewissen Sébastien Guillié, wie man sich in den Straßen der Hauptstadt erzählte.

Und hier saß man nun also!

Braille stutzte. Er musterte den wesentlich jüngeren Guillié mit einem plötzlichen Anflug von Unentschlossenheit. Ihm gingen ganz andere Schreckensbilder durch den Kopf als irgendwelche kirchenfeindlichen Lehrmethoden, wie sie von Jacques Palluy bekrittelt worden waren. Moniques Ängste hinsichtlich der hygienischen Verhältnisse in Paris bewahrheiteten sich auf finstere Weise. Die Kammern und Korridore des Internats waren eng und muffig, schlecht beleuchtet und ebenso schlecht belüftet. In den Unterrichtsräumen, dunkle Verliese, blühte der Salpeter weißfleckig an Wänden. Die Feuchtigkeit fraß sich ganz augenscheinlich durch die Mauern. Gar nicht zu reden von dem üblen Geruch, der Simon-René beim Besichtigen der Toilettenräume und des Badezimmers entgegenschlug. Man badete die Kinder offensichtlich in der braunen Brühe der Seine und verwendete das faulig-stinkende Flusswasser zu allem Übel auch noch für die Zubereitung der täglichen Speisen. Wie fürchterlich! Simon-René verschlug es die Sprache.

Der einfache Mann aus Coupvray heftete seinen Blick auf die milchigen Fensterscheiben. Die Welt da draußen verschwand dahinter, wurde blind. War dies also die große Hoffnung, von der Bécheret und Palluy, ja sie alle für Louis geträumt hatten? Braille wandelte, geführt von einer sehenden Internatsschülerin, nahezu stumm durch das Institut und erschrak bis ins Mark. Wie sollte sich Louis in diesem Labyrinth von einem Schulgebäude nur zurechtfinden? Womöglich bräche er sich auf den schmalen gewendelten Treppen alle Knochen. Handläufe gab es nicht, weder links noch rechts. Sollte er sich etwa an den nackten Steinen festhalten? Seine Augen wanderten von einem Steinvorsprung zum nächsten. Braille sah den Jungen in Gedanken bereits die steilen, wurmstichigen Stufen hinabstürzen. Heilige Mutter Gottes! Was sollten sie bloß tun mit ihrem blinden Louis? Die Sorgenfalten auf Brailles Stirn waren so tief wie die umgepflügten Ackerschollen auf den abgeernteten Feldern im Herbst. Der Vater von vier Kindern sinnierte, zweifelte, ja focht ein Duell mit sich selbst aus, das er nicht gewinnen konnte. Es war die Aussichtslosigkeit der Situation, die ihn geißelte.

Guillié registrierte die Braille'sche Verunsicherung und holte daraufhin großspurig aus, schließlich ging es darum, einen neuen Schützling für die Anstalt zu gewinnen. Beständig hohe Schülerzahlen, das wusste er nur allzu genau, sicherten ihm seine Reputation als erfolgreicher Pädagoge im Ministerium. Außerdem hatte er einen Brief des Gutsherrn von Coupvray, des Marquis d'Orvellier, vorliegen, in dem ihm der junge Braille als überaus intelligent anempfohlen wurde. Damit ließe sich doch wahrhaftig etwas ausrichten, oder nicht? Guillié sah den schlauen Kerl bereits als Leuchtgestalt, als kleinen Messias vor Publikum, wenn er seine Talente und Fähigkeiten öffentlich zelebrierte, Gönner und Mäzene mit seinen Leistungen verblüffte. Ihm war es, als hörte er schon das Bling-Bling der Louisdors, die aus vollen Geldsäckeln in das geheime Schließfach hinter der Tapetentür wanderten, funkelnde Goldmünzen, zugesteckt von schüchternen Damen des Adels oder gar betuchten Bankiers in seidenen Mänteln, der Mildtätigkeit und dem schlechten Gewissen verpflichtet. Selbstbewusst, die Arme wie Schwingen weit ausgebreitet, ergriff der Schulleiter also das kalküle Wort.

Eine Sattlerei existiere zwar nicht auf dem Institutsgelände, aber man verfüge über mehrere Webräume. Guillié reckte den schlanken, sauberen Hals. Stroh, Wolle, Schilf, was das Herz begehre, es sei alles da an Material. Die Augen des Schulleiters leuchteten plötzlich wie die kristallenen Lüster in den vornehmen Salons der Philanthropischen Gesellschaft. Er geriet ins Schwärmen und öffnete einen der Kabinettschränke. Seine Frackschöße flogen elegant dahin.

»Hier, sehen Sie selbst, Monsieur!« Er hielt seinem Gegenüber einen wuchtigen Hausschuh hin. Braille stutzte. Madame Clémence unterrichte die Schüler im Fertigen derartiger Dinge in den institutseigenen Werkstätten.

»Wunderbar, nicht wahr!« Er selbst lege höchsten Wert darauf, dass die Kinder an eine praktische Arbeit herangeführt würden, allein schon deshalb, damit sie später nicht auf Almosen angewiesen seien. Das Flechten von Körben, Stuhlbezügen und Matten sei wie auch das Weben und Knüpfen für alle Kinder, ob Mädchen oder Buben, verbindlich. Der Stundenplan weise hierzu mehrere Lektionen in der Woche aus.

Guillié war in seinem Element. Der Schulleiter deutete emsig auf einen Wandplan in seinem Rücken. Er selbst wache höchstpersönlich über die bescheidene Produktion und die Güte der Waren. Er hob die Brust und grinste linkisch. Geschäftstüchtig wie ein Pariser Schuster drehte er das Schuhwerk vor seinem blütenweißen Hemd hin und her, strich über Sohle und Bezug und pries die exquisite Verarbeitung.

»Überzeugen Sie sich von der feinen Machart, werter Freund!« Guillié sprang den armen Braille gar forsch an. Simon-René nahm das Modell zu sich auf den Schoß.

Der Sattler sträubte sich. Warum, konnte er selbst nicht genau sagen. Vielleicht war es der Guillié'sche Überschwang, die Penetranz, die ihn einschüchterte, ihn unsicher machte. Sébastien Guillié hingegen spitzte den Mund. Er hatte sein Ziel erreicht. Der Wollpantoffel lag vor Simon-Renés Bauch. Ungeduldig wartete er auf das Urteil des Sattlers, der sich des Hausschuhs jetzt kundig annahm. Braille machte die krummen Finger lang und fühlte nach der Innenseite. Ein wohligwarmer Pelz legte sich um seine Hand. Sich behäbig vortastend, staunte er nicht schlecht. Das Material, ein dichtes Gewebe aus gefilzter Schurwolle, war, selbst dort, wo die Zehenspitzen an die Innenseite stießen, akkurat verwoben und sauber vernäht. Der Sattler lächelte ob der unverhofften Wertigkeit, hatte er doch mit etwas anderem gerechnet, wie er sich selbst eingestehen musste.

Anders das cognacbraune Oberleder des Schuhs. Dieses, eine rindslederne Haut mit heller Maserung, war zweifellos von minderer Qualität. Er bemerkte den Makel, als er sich zufällig zum Fenster drehte und die Sache unter dem schrägen Einfall des Sonnenlichts genauer besah. Fleckige Rückstände, so wie sie beim Gerben entstehen konnten, waren zu sehen.

Guillié lauschte. Der Sattler murmelte Unmissverständliches vor sich hin. Eine Ausschussware, wie man sie an den Füßen der Armen finde, sei dies, nicht aber eine Arbeit am Fuß eines Kaufmanns oder einer adeligen Person. Simon-René legte das veritable Schuhwerk auf den Tisch. Guillié räusperte sich daraufhin zweimal, gar so, als hätte er eine Schmeißfliege verschluckt.

Säuerlich war er, der gute Mensch von einem Schuldirekteur, so säuerlich wie eine alte, dahingesprungene Kuhmilch in den Tassen der Studenten im Quartier Latin nach durchzechter Nacht!

Braille irritierte ihn mit seiner Art. Die Kehle war ihm trocken. Welch ein zügelloses Maul! Was fiel diesem frommen Sattler ein, diesem Bourrelier von Pferdegeschirr? Pah! Ein Handwerker war er und sonst nichts, bitte schön!

In seiner Eitelkeit gekränkt, suchte Guillié nach Worten und fand diese sodann auch. Er spreizte die Finger: Wahrhaftig, eine derartige Aufrichtigkeit begegne ihm unter den Leuten seines Standes nur selten, ja bisweilen überhaupt nicht. Respekt! Braille könne sich sicher sein, so Guillié eindringlich, man verkaufe diese vorzügliche Ware in Läden, auf Straßen und Märkten, in und um Paris, für Herbst und Winter, wenn die Kälte in die Häuser und in die Glieder zurückkehre, ebenso die Matten aus Schilf und Stroh. Beliebt seien sie, diese Zeugnisse blinder Handwerkskunst. Sie verdienten allesamt höchste Anerkennung. Das sei hier einmal gesagt, und zwar ohne Wenn und Aber. Gelehrte der Sorbonne, Theologen, Philosophen, Physici, auch Doktoren und Staatsdiener, ja selbst Seine Majestät, der König, habe derlei Schuhwerk in früheren Tagen für seine Lakaien erstanden. Beanstandungen seien ihm diesbezüglich bislang nicht zu Ohren gekommen. Das Schlitzohr von Guillié verschwieg dabei geflissentlich, dass die formidablen Latschen fürs Maison zu einem guten Teil von Madame Clémence selbst und den sehenden Inhabitanten des Instituts aufbereitet wurden, denn diese reinigten, filzten, maßen, schnitten, putzten und vernähten allerlei Säume und Kanten, auf dass sich die Ware nicht schon nach dem ersten Gebrauch auflöste und in den Kanonenofen der Kundschaft wanderte.

»Nun ja!« Guillié hüpfte wie ein Distelfink über den verschrammten Dielenboden dahin. Er setzte sich an seinen Platz, blätterte und schob Braille in einem günstigen Moment ein Stück Papier unter die klamme Hand. Und noch ehe sichs der einfache Mann aus Coupvray versah, hatte er auch schon die Tintenfeder in den Fingern und unterzeichnete unter Guilliés eifrigem Zutun das Dokument, das das Leben seines Sohnes für alle Zeiten verändern würde. Was anderes hätte er tun sollen? Im darauffolgenden Februar des Jahres 1819 sollte der Junge ein neues Zuhause haben.

Simon-René seufzte wehmütig, als er auf seine krakelige Unterschrift blickte und ihm unerbittlich bewusst wurde, dass Monique und er ihren Louis in die Fremde entließen, fernab von seinen Geschwistern und seinen Eltern. Eine seltsame Tristesse fasste ihn an, fasste sein Herz an, so seltsam, dass ihm ein wenig schwindlig und unwohl zumute war. Überstürzt packte er sich zusammen, verließ Sébastien Guillié und sein vermaledeites Imperium und bestieg die leere Postkutsche in sein geliebtes Coupvray.

Guillié aber feierte Brailles Unterschrift mit einem gut gefüllten Glas Mané Rouge, welchen er in seinem Kabinettschränkchen für besondere Anlässe aufbewahrte, und ließ nach einem großen Karton Tapeziernägel schicken.

»À votre santé!«

KAPITEL 8

DAS PORTRÄT DES ABSCHIEDS

Monique Braille war es, als vergängen die Tage wie im Flug. Ihre Augen wurden von Monat zu Monat stiller. Die Zeit des Abschieds rannte dahin, rückte näher und rüttelte an den Festen ihrer Hausmauern. Die Läden klapperten. Das Laub der umliegenden Wälder färbte sich. Es fiel mit den Stürmen. Die Schlehen kamen zum Vorschein. Spät im Oktober, noch besser Anfang November, wenn die ersten Nachtfröste kämen, würde sie die schwarzblauen Früchte ernten und einen Likör davon ansetzen. Sie würde die große gläserne Ballonflasche in die hinterste Ecke des Kellers verräumen und den Inhalt nicht vor Epiphanie ausschenken, selbstverständlich als Medizin! Marie Raymond käme und brächte ihrerseits ein Quittenwasser vorbei, und da man sich gut miteinander verstand, würde man sich wie jedes Jahr ein kleines Fläschchen der kostbaren Medizin abfüllen, sodass jede Familie etwas voneinander hätte. Ein schöner Brauch.

Monique dachte nach und rechnete, während sie den Teig ein letztes Mal knetete, mit dem Messer teilte und auf dem Kuchenblech auslegte. Sie war gut im Rechnen, schaute in Gedanken auf ihren inneren Kalender und begann leicht zu zittern, wie sie die Summe der Tage vor sich sah. Standen geschrieben, die Tage. In den Töpfen und Tellern, auf Stufen und Absätzen, auch am Brunnen, an den Steinen am Wegesrand oder im Stroh in der Scheune, wo sie Louis das Flechten beigebracht hatte, als er sechs Jahre alt gewesen war.

Ein trockenes, mehliges Gefühl überkam sie. Sie war allein, mit sich und ihren Gefühlen, stand inmitten der Küche und suchte sich ihrer Traurigkeit zu erwehren. Der feine Staub legte sich auf ihre Brust. Halb flüsternd, halb sprechend zählte sie die ungebackenen Brioches auf dem rechteckigen Blech. Lagen jetzt wie fühlerlose Maikäfer vor ihr, blass, ohne Flügel und Halsschild. Sie nahm die runde, halbhohe Schüssel, holte sich ein Ei aus der Speisekammer, trennte das Eiweiß vom Dotter und verklepperte dieses so lange, bis ein schlunziger gelber Schaum entstand, mit dem sie die ovalen Leiber bepinselte. Gut so, immer schön von allen Seiten, hauchte es ihr betulich ins Ohr. Von oben nach unten, am Bauch entlang. Erst die rechte Seite, Kopf und Hintern nicht vergessen, dann die linke Seite. Riechst du den schönen weichen Duft, meine Liebe? Male sie alle gelb wie die Schlüsselblumen! Du darfst die Brioches nicht einschneiden, sondern nur mit Eigelb bestreichen, Monique! Hörst du? So hatte es ihre Mutter ihr beigebracht. Die hatte es wiederum von ihrer Schwester. Sonst platzen sie dir im heißen Ofen auf und fallen auseinander, und das wäre doch jammerschade, nicht wahr, meine Liebe. Sie tauchte den Pinsel ein letztes Mal ein, schabte den Rest der gelben Farbe aus der flachen Kuhle. Einmal war ihr das schon passiert, als sie meinte, das Messer nehmen zu müssen, um ein zartes Karomuster in die Teighaut zu ritzen. Das Malheur hatte man sich anschließend lachend in den Milchkaffee getunkt. »Eine Brioche ist wie die Seele einer kleinen Prinzessin, zerbrechlich und bröselig. Wie die Menschenkinder«, sagte Marie Raymond zu ihr, während sie mit spitzem Mund über den Rand einer bauchigen Henkeltasse blies und die zur Unkenntlichkeit aufgeweichten Stückchen daraus aufschlürfte. »Mhm!« Sie schlotzte mit der Zungenspitze durch den sämigen Brei, schluckte das Ganze hinunter und schob beiläufig ein Mach-dir-nichts-draus dazwischen. Marie Raymonds Gesicht flimmerte für einen kurzen Moment über die Teighaut, verschwand aber schon gleich unter den hastigen Strichen mit dem Pinsel. Das schaumige Gelb huschte darüber, in sich stockend verklebte es alles.

Monique legte den flachen Haarpinsel mit einem angestrengten Seufzen zur Seite. Sie putzte sich die Finger an der Schürze ab, fasste sich ein Herz und schob das Blech mit einem sachten »Voilà!« ins Rohr. Der Ofen war heiß. Die goldbraune Läuterung konnte beginnen. Fünf Minuten, nicht länger durften die kleinen Seelen von Prinzessinnen darin backen. Sie strich sich eine scheue Haarsträhne aus dem Gesicht, schaute zur Uhr und wartete. Doch die Zeit war ein Faulpelz. Gähnend lag sie im Stroh, den Blick auf den zichorienblauen Himmel geheftet, verliebt in sich und die Welt, verging sie nicht. Wie seltsam die Sache mit der Zeit doch war. Brauchte man sie, dann versteckte sie sich hinter den Dächern von Coupvray, und brauchte man sie nicht, so suchte man doch nach ihr, im Glauben, man hätte sie verloren. Wenn sie sich doch nur übertölpeln ließe, die Zeit, wie die Hühner, die sie am Abend, bevor es dunkel wurde, in den Stall lockte. Monique lächelte, lächelte verschüchtert, wie sie so vor dem Fensterkreuz der Zeit entgegenging, die Arme auf den breiten Sims gestützt. Sie blickte durch die Scheibe in den Hof, wo Simon-René ein Kummet verlud. Sie hob den Arm und winkte ihm. Er sah es nicht, war zu beschäftigt. Ihr Mann hantierte mit einem Seil.

Sie senkte den Blick. Die Frau des Bäckers könne aus den Linien der Hand lesen, erzählte man sich im Dorf. Was brächte es? War alles nur Aberglaube, sonst nichts! Sie brauchte keine Wahrsagerin. Selbst wenn diese wahrhaftig in die Zukunft schauen konnte, so vermochte sie doch nicht die Vergangenheit hinwegzuwischen. In sich gekehrt, überlegte sie. Silben fielen von ihren Lippen. Sie flüsterte mit sich selbst, wenn sie

Grießbrei für sie alle kochte, das Herbstlaub im Garten ausbrachte und das Wintergemüse harkte, Grünkohl, Lauch, Portulak.

Irgendwann, nach Mariä Lichtmess, wenn der Westwind um die Häuser marschierte und der Mond sich hinter die Wolken verzöge, wären es nur noch wenige Tage, bis ihr jüngster Sohn ginge. Sie holte den Besen und fegte den Fußboden. Im Januar hätte man noch seinen zehnten Geburtstag gefeiert und Lieder gesungen. Die Zeit flatterte, mischte sich vor ihr, als sie ihr Tintenfass füllte und die fransige Tagebuchfeder am Abend bemühte. Wie seltsam doch alles war. September, Oktober, noch warm und doch schon kalt. Sie holte den grauen Filzrock aus dem Schrank, die Schaffelle, die warmen Stiefel. Draußen auf den Feldern sammelten sich die Rabenvögel. Krähen, Elstern, Dohlen. Nacheinander kamen sie angeflogen, allein, zu zweien oder in kleinen Scharen, hielten Rat auf den bereits abgeernteten Äckern und starrten nach der kalten Asche, die hie und da die Erdkrume bedeckte.

»Greif zu, mein Junge!« Simon-René drehte seinem blinden Sohn einen übervollen Ast gegen die Brust, und Louis packte lachend zu, unerschrocken, beherzt, wie man es von einem fast Zehnjährigen erwarten konnte. Braille hatte sich den Jungen auf die Schultern genommen.

»Schauen Sie, Papa!« Louis befühlte die noch festen Früchte von allen Seiten. »Wie groß sie alle sind!« Er hing im Baum, die Arme ausgestreckt, um ihn herum das süße Laub, die herb-grüne Luft. Vögel zwitscherten. Wie sehr er sich freute!

Seit Tagen war er mit nichts anderem beschäftigt gewesen, als seine Eltern danach zu fragen, wann sie denn endlich in die Birnen und Äpfel gingen. Er sei bereit, so hatte er am Küchentisch resolut verkündet, den letzten Löffel klare Brühe vom Grund des Suppentellers kratzend. Wohlgemerkt nicht ganz uneigennützig, hegte er doch anlässlich der Pflückerei eine kindlich-diebische Sehnsucht. Der kleine Bursche liebte es nämlich, wenn dem guten Simon-René die Hosenträger spannten und dieser ihn wie ein Ochse mit dem Leiterwägelchen durch die Coupvrayer Landschaft zog, über Wiesen und Wege, unter Bäumen, an Gräben und Bachläufen entlang, es holperte und polterte, er selbst zwischen den Sprossen oder noch besser auf den Rüben oder Kartoffeln. Auf den Birnen und Äpfeln ginge dies freilich nicht, das wusste er. Doch auf der Hinfahrt zu den selbigen ließe sich das Vergnügen sicherlich einrichten. Er müsste seinen Eltern nur beharrlich genug auf den Senkel gehen, dann ließen sie sich dazu bekehren. Zügel gäbe es bedauerlicherweise nicht für dieses Abenteuer, so sagte er sich, während er ein Bucheckernpfeifchen hin- und herdrehte. Aber dafür hatte der Sattlermeister ihm, seinem Benjamin, eigens eine Kinderpeitsche angefertigt. Das bescheidene Ding von zwei Ellen Länge reichte zwar nicht ganz bis zu Simon-Renés Kehrseite, doch ließe sich damit wenigstens laut aufschnalzen, sodass für die nötige Ernsthaftigkeit gesorgt wäre. Welch ein Heidenspaß! Und jetzt? Jetzt hing er endlich im engen Geäst und fühlte sich wie ein Eichhörnchen im Paradies, gedachte der saftigen Kuchen und der Birnen-Quiches seiner Mutter, träumte vom Kompott und von Moniques Birnenbrot. Ach, was lief ihm bei der Vorstellung doch das Wasser im Mund zusammen! Herrlich!

Hastig fingerte er nach den rauschaligen Früchten, löste die Birnen mitsamt dem Stiel und türmte sie in das flache Weidenkörbchen, das ihm Monique zuvor in die Hand gedrückt hatte.

Seine Mutter linste zwischen einer breiten Astgabel hindurch. Oh, là, là! Der Baum war eine Grande Dame, eine Majestät, wie er so sein üppiges Kleid über ihnen ausbreitete. Sie dirigierte die Männer durch das formidable Birnenimperium. Zweig um Zweig, Ast um Ast. »Nach links, Simon-René!« Sie deutete mit dem Zeigefinger nach oben, rührte in der Luft. Er solle mit dem Jungen einen Schritt nach links gehen, dann würden sie in einem Birnennest versinken. Sie schaute den beiden mit offenem Mund zu und fasste, Louis' Rücken vor Augen, selbst nach einer dicken Birne. Es wäre seine letzte Ernte mit der Familie, bevor er nach Paris in die Rue Saint-Victor zöge, so ging es ihr durch den Sinn. Anders als das Obst, ließ sich der Gedanke nicht so unverrichteter Dinge abstreifen. Der Gedanke hing fest und gab nicht nach. Monique fühlte ihn zirkulieren. Sie holte tief Luft. Gleich morgen werde sie mit dem Einsieden beginnen, sagte sie und schichtete eine Handvoll Früchte vorsichtig in einen voluminösen Spankorb.

Irgendwann, als Louis merkte, dass ihm der Birnenberg zu hoch wurde, lächelte er verlegen-stolz und drehte seinen Kopf genau dorthin, wo er eben noch seine Mutter hatte rascheln hören. Die aber war indes einen großen Schritt zur Seite getreten, um einer Feldwespe aus dem Weg zu gehen. Sie hörte ihren Sohn sprechen, drehte sich und sah, wie Louis seine Worte an ihr vorbei in ein leeres, hohles Nichts richtete, das ihn und sie gleichermaßen verunsicherte. Eine Achtelnote lang Schweigen, eine befremdliche Stille.

Regungslos, wie angewurzelt, verharrte Louis daraufhin auf den Schultern seines Vaters. Irritiert von sich und seiner Umgebung, durchwanderte er das akustische Loch, in das er eben gefallen war, nach allen Seiten hin. Den Kopf leicht schräg gelegt, klammerte er sich an einen einsamen Windhauch, hörte dann die muskulöse Hand seines Vaters, wie er das Laub schüttelte, hörte das Knistern von trockenem Gras, das Echo seiner Worte.

Monique erbarmte sich seiner »Hilflosigkeit« und befreite ihn sodann aus dem kindlichen Verlorensein. Sie sei hier, hier sei sie! Sein blonder Schopf bewegte sich in die Richtung ihrer Worte. Ein Wangenzucken. Er erwachte aus seiner merkwürdigen Starre.

Moniques Gesicht jetzt zugewandt, platzte es aus ihm heraus: »Ich werde Pierre-Richard ein paar Birnen in die Schule bringen, wenn ich darf. Was halten Sie davon, Maman?« Er machte die Arme lang. Vorbei an Simon-Renés Kopf reichte er seiner Mutter das volle Birnenkörbchen.

»Eine gute Idee, mein Sohn! Warum nicht! Pierre-Richards Familie hat das Schicksal nach dem Tod seines Vaters nur allzu hart getroffen.«

Simon-René pflichtete seiner Frau voller Anteilnahme bei. Das Seitenleiden habe dem armen Menschen so schlimm zugesetzt, dass jede Hilfe zu spät gewesen sei. Der Tod komme und gehe, wie er wolle, und doch lehre der liebe Gott sie alle Barmherzigkeit im Leben.

Louis hörte Simon-Renés Worte, während er die Früchte in seinem Korb zählte, und wurde hellhörig. Da war es wieder, das Wort, das er von den Erwachsenen kannte. Der Abbé hatte es auch schon mehrere Male in seinem Beisein gebraucht, ebenso Monsieur Bécheret und jetzt also sein Vater. Es schien ihm ein wichtiges Wort zu sein. Barm-her-zig-keit. Die vier Silben purzelten durch seinen Kehlkopf. Wenn er doch nur lesen könnte wie die anderen, dann schlüge er das besagte Wort in dem großen Buch nach, das bei Monsieur Bécheret auf dem Pult lag. Die »heilige Langue«, von der Monsieur Bécheret sprach und in welcher der Schulmeister selbst manchmal ein Wort nachschaute, wenn er nicht wusste, wie es zu buchstabieren war, konnte sicherlich nicht ohne die »Barmherzigkeit« auskommen. Und so stapfte er also irgendwann mit einem fest verknoteten Stoffbündel den steilen Schulberg hinauf, summte eine Motette und drückte dem einen Kopf größeren Pierre-Richard die Barmherzigkeit in Gestalt von sechs prächtigen grünen Birnen geradewegs in die leeren Hände.

Das Obstpflücken tue keinem weh, auch keinem blinden Kind, sagte Monique Braille am darauffolgenden Tag zu Angelique

Lasalle im Waschhaus und haute auf die nassen Bettlaken, dass es nur so spritzte. Vornüber gebeugt, das rote Kopftuch um die Haare, den Wäschestampfer in die große Metallwanne vor ihren Füßen rammend, ächzte sie die Worte aus ihrem Mund.

»Was sollen da andere Leute sagen, deren Kinder ihr Tagwerk womöglich in Kohlebergwerken oder Eisenminen verrichten!« Sie packte das Wäschestück zwischen die Fäuste und quetschte das Wasser heraus. Lautes Tretschen.

»Unseren Louis schonen? Weshalb? Wir behandeln unseren Jüngsten so, wie wir alle unsere Kinder behandelt haben. Der Junge hat einen Verstand, hat zwei Hände, zwei Arme, zwei Beine. Bei meiner Seele, er soll sie benutzen!«

Leicht echauffiert, griff sie sich ein weiteres Wäschestück. Ob es denn wahr sei, was man sich im Dorf erzähle, hakte Angelique nach. Sie konnte ihrer stämmigen Neugier einfach nicht widerstehen. Aus dem Kessel quoll weißblauer Seifenschaum.

»Was meinst du damit?« Die beiden Frauen hielten kurz inne und schauten sich, vom Dampf umgeben, fragend in die Augen. Ihre Köpfe glühten inmitten der weiß gekalkten Wände, die jetzt feucht glänzten. Wasser schwappte in den großen Bottichen.

»Es heißt, euer Sohn verlasse unser schönes Coupvray! Ist es euch denn gar nicht weh ums Herz!?« Angelique Lasalle hämmerte ihre Frage in den dampfenden Kessel, darauf bedacht, sich nicht zu verbrühen.

Ende Oktober, als die letzten süßen Trauben von den Reben geholt und der Saft in Fässer abgefüllt war, überlegte Simon-René abends, mehrere Ellen eines Schweinsleders beim Gerber in Auftrag zu geben. Er stocherte mit einem Schürhaken im Ofen, legte Holz nach und schaute, abgewandt von seiner Frau, in die Flammen.

»Wir nähen dem Jungen einen Koffer!«, sagte Braille mit

rauer Stimme, die staubheiße Luft des Feuers im Gesicht. Er zuckte mit den Schultern. »Weshalb einen Koffermacher bestellen, wo ich die Arbeit selbst erledigen kann. Schließlich habe ich genug Werkzeug in der Werkstatt.« Er richtete sich auf, schloss die vordere Ofenklappe und hängte den Schürhaken an das Ofengeländer. Dann drehte er sich um hundertachtzig Grad und erklärte verhalten: »Es macht keinen Unterschied, ob ich nun Löcher in Zügel steche oder ob ich Kofferbänder und Riemen mit der Ahle herrichte.«

Walnüsse brechend, noch die Worte von Angelique Lasalle im Ohr, hörte Monique Braille ihrem Mann aufmerksam zu. Sie saß auf der Küchenbank, vor sich einen Berg von zerbrochenen Nussschalen. Braille setzte sich zu ihr an den Tisch, ein Aschewölkchen hinter sich auf dem Fußboden aufwirbelnd. Er holte das Taschenmesser raus. Ob sie Louis' Namen auf die Kleider sticken sollte? Zumindest seine Initialen? Sie verzog ihren rechten Mundwinkel, unterdrückte eine Träne. Ihr Mann nickte. Es knackte laut. Monique blickte neben sich, zu dem selbst geflochtenen Nähkästchen auf der Eckbank. Besser wäre es, um Verwechslungen zu vermeiden. Ohnehin frage sie sich, wie der Junge zurechtkommen sollte. Lege man ihm seine Wäsche ordentlich hin? Wer kümmere sich um die Reinlichkeit der Kinder? Sie bade den Jungen einmal die Woche, kürze ihm die Nägel, schneide ihm das Haar und pflege seine Augen, wenn sie sich entzündeten. Unsicher fuhr sie sich durchs Haar, während Braille das Innere einer Walnuss mit dem Taschenmesser herauslöste und es in einer Schale ablegte. Die Marquise hatte ihm erzählt, dass ihr Ehemann selbst einmal in Paris gewesen sei und nur Gutes von dem Institut gehört habe. Der Schulbesuch und die Unterbringung im Internat koste zudem keinen einzigen Sous. Das stelle man sich einmal vor. Der König und kein anderer habe dafür gesorgt, rühmte die Marquise den Monarchen, nicht wissend, dass die edlen Spendierhosen des Königs längst in einer klammen Kommode verschwunden und von den Motten fein säuberlich zerfressen worden waren. Um derlei Löcher zu stopfen, hätte es eines Fuhrwerks voll Garn bedurft, und dieses wäre bei alledem noch zu spinnen gewesen.

»Also gut! Wenn es denn so sei! Ich will meinem blinden Kind keine Steine in den Weg legen.« So und nicht anders hatte es Monique irgendwann formuliert, sich an ihr selbst geflochtenes Nähkästchen klammernd. Sei's drum, was auch immer Angelique Lasalle dazu zu bemerken hätte.

Dann kam der Februar. Endlich! Die Welt lag morsch und krumm, ein verschwommenes Etwas. Regen und Graupelschauer gingen über das nackte Land. Kapuzenmäntel trieben Pferde an. Die neunte Stunde des Tages war angebrochen. Aus dem Musikzimmer im Schloss tönte ein spillriges Saitenspiel. Die Marquise hatte sich darin verschanzt. Etwas trübselig-melancholisch drückte sie im Schein einer Talglampe die Elfenbeintasten des Cembalos und lauschte im Geiste zwei Kinderhänden. Und Antoine? Antoine Bécheret, der Tintenklecks, lehrte die Schüler noch immer die französische Sprache, bisweilen nach der großen Messingglocke schielend.

Vier schwere Rösser standen auf dem Dorfplatz bereit, den Rücken mit Decken geschützt. Simon-René musterte die Zügel und das Pferdegeschirr von der Seite, bevor er mit seinem Sohn im Innern der Kutsche verschwand.

»Du hast dir ja den schönsten Tag für unsere Reise ausgesucht, mein Junge!« Er strich ihm übers Haar. Der Junge schwieg. Die harte Sitzbank schwieg, das Holz, das Licht, ja selbst die Luft, die die beiden einatmeten, schwiegen für einen traurigen Moment.

Die enge Tür schloss sich, die Peitsche knallte, und Monique weinte, weinte dicke, heiße Tränen, als sie Simon-René mit ihrem Kind den morastigen Weg entlang um die Ecke rollen sah, Jacques Palluy und Marie Raymond an ihrer Seite.

Räder und Speichen wurden ihr zu Scheiben. Das Heck der Kutsche schrumpfte. Schwarz, grau, braun, das beklemmende Gefühl des Abschieds, es war da und durchpflügte den weichen, verletzlichen Grund ihrer Seele. Der Wind jaulte auf. Moniques schmale Schultern klappten nach vorn. Die Zeitlupe schob sich über die Geschichte. Das Bild verklebte. All die Tapferkeit der vergangenen Wochen fiel auf einmal von ihr ab. Pfützen füllten sich mit pladdernden Regentropfen. Ihr Körper bebte, ihr Zwerchfell wölbte sich nach oben, das Zungenbein krampfte. Ein kehliger Laut drang aus ihr, erstickt, von einer Windböe erfasst und davongetragen. Der Abbé schaute betreten auf seine schmutzigen Schuhe, dann zum Himmel. Doch da war kein Himmel. Der Himmel war eine einzige schlammgraue Suppe, eine launische Eminenz, die einen Schauer nach dem anderen zu den Menschen hinabschickte. Palluy bibberte und schlotterte entsetzlich, so auch die beiden Frauen. Er wischte sich den eiskalten Regen aus dem Gesicht. »Es tut mir so leid!« Marie Raymond fasste Monique Braille zärtlich unter den Arm und hielt sie in ihrem Schmerz. Der Abbé brabbelte etwas undeutlich vor sich hin. Wie ein Gebet, einen Zuspruch, vielleicht etwas Trost. Niemand hörte ihn.

Das kleine Coupvray mit seinen 435 Seelen wusste damals nicht viel von der Welt, und die Welt wusste ihrerseits so gar nichts von diesem rot geziegelten Dorf im Département Seine-et-Marne, den Rebenfeldern, der bauchigen Kirche, dem beschaulichen Leben der Menschen, deren Sorgen und Nöten, ihren Wünschen und Träumen und schon gar nicht von ihrem blinden Sohn Louis Braille, dessen Hände sich später über die Welt ausbreiten sollten und über dessen Grab sie einmal andächtig in Verwunderung beteten. Die Wagenräder der vierspännigen Postkutsche drehten sich und knirschten unaufhaltsam durch den kargen Morgen des 15. Februar 1819. Ihr Ziel: das vier Stunden entlegene Paris.

KAPITEL 9

DER KLOTZ

»Halt dich an mir fest, Louis!« Simon-René hob seinen Sohn aus der Kutsche in die kalte, neblige Luft der Stadt. Feiner Schneegrieß wehte heran, verfing sich in dem wollenen Gekräusel ihrer Mäntel. Schals flatterten umher. Mützen, Kappen, Hauben, sie saßen tief in den Gesichtern der Menschen.

»Pass auf, mein Sohn!« Der Sattlermeister zog den Zehnjährigen zu sich heran. Der stand jetzt da mit hochgeschlagenem Kragen und fror entsetzlich. Und dies, obwohl ihm seine Mutter die doppelt gestrickten Handschuhe mitgegeben hatte. Die Finger schmerzten ihm. Er sagte nichts, hielt inne, überwältigt von dem Geschehen, der lang ersehnten Ankunft nach so vielen Stunden! Er zitterte, presste die Lippen aufeinander und klapperte vor sich hin, beharrlich, standhaft und zäh, die Geduld einer Schildkröte in sich und mindestens genauso steif wie diese nach einem langen Winterschlaf.

Kaum ausgestiegen, waren die schweren Verschläge auch schon wieder zugeflogen. Der Kondukteur war in den Fond gestiegen, hatte Platz genommen und in sein schwarzes Buch geschaut. Dann ein schrilles Hornsignal, das Geklapper von Hufen. Durchdringendes Achsengeräusch und Räderwerk füllten die Ohren. Der vierspännigen Karosse blieb nur wenig Zeit. Nach dem kurzen Zwischenhalt setzte sie sich rasch in Bewegung.

»Warten Sie, Monsieur! Die Heimleitung schickt mich. Ich soll Ihnen behilflich sein.« Es war der Pförtner, ein hagerer Mann mit schlaffwangigem Gesicht und Hut. Unauffällig war er zwischen anderen Passagieren hindurchgetreten. Seine Stimme stemmte sich gegen den Lärm der anfahrenden Wagenräder. Der Mann stotterte leicht, beschränkte sich auf Gesten und wenige Worte. Er trug das Zeichen des INJA am Rock. Auch er schien zu frieren. Die nasse Februarkälte verschonte keinen, erst recht nicht die Bettler, die in einiger Entfernung vor einer Mauerecke kauerten. Ein hilfloser Klumpen, darunter ein junger Bursche mit schwarzer Augenbinde, wie Simon-René jetzt entdeckte, als er sich unverrichteter Dinge zur Seite drehte, das Haus eines Schuhmachers vor Augen, daneben ein Taschner.

»Geben Sie mir den Koffer!« Der INJA-Bedienstete meldete sich, griff nach dem Gepäck, das mit Seilen verschnürt war, und lud es in ein Lastenwägelchen, welches er auf dem Weg zum Institut gleich wortlos hinter sich herzöge. So wie er es immer hielt, wenn er die »Neuen« bei ihrer Ankunft abholte.

»Allmächtiger!«, bemerkte eine dürre Gestalt wenige Meter entfernt.

Das Kopfsteinpflaster, das Louis unter den Füßen als übergroße Fischschuppen wahrnahm, war von einem sanften Glanz bedeckt. Ganz augenscheinlich zog es an.

»Halten Sie Ihren Sohn gut fest, Monsieur. Es könnte glatt werden.« Die Gestalt sprach erneut, ohne eine Antwort zu erwarten.

Wenn sie im Institut nur auf den Jungen achtgeben, sagte sich Simon-René, als er mit seinem Louis an der Hand über die feuchten, rutschigen Wege des Februar 1819 dahinschritt. Noch einmal versuchte er sich an die unzähligen Haltestationen zu erinnern, geriet dabei aber durcheinander. Wie lange die Kutschfahrt doch gedauert hatte. Die Landstraßen, auf denen sie dahingerollt waren, hatten kein Ende nehmen wollen. Insbesondere Louis, für den es die erste große Reise gewesen war, erschien der Weg endlos und lang wie ein Flaschenhals, durch den es hindurchzustoßen galt, dabei hoffend, er bräche nicht in tausend Splitter. Die laute Enge hatte etwas Unangenehmes, etwas Beschwerliches an sich gehabt. Ihr zu entfliehen war unmöglich gewesen. Und dann waren da ja auch noch die grässlichen Narbenschmerzen in den Augen, das beständige Brennen und Stechen, ausgelöst von der Winterkälte. Geduldig seufzte er in den Wollschal hinein, den er bis über Kinn und Mund hochgezogen hatte. Reiß dich zusammen, Louis, sagte er zu sich selbst. Du darfst auf eine Schule gehen, also beklage dich nicht. Der Sohn von Lasalles, Maurice, der die Kinder immer mit seiner Schleuder geärgert hatte und so alt war wie er, also zehn, würde vermutlich in die Kohlen gehen müssen. Nur gut, dass seine eigenen Eltern nicht auf die Idee gekommen waren, ihn ins Bergwerk zu schicken, in die dunkle Tiefe, wo er doch blind war und ihm die Lichtlosigkeit nichts anhaben konnte. Der arme Maurice, dachte er. Mon Dieu!

Zugegeben, ein wenig seltsam war es ihm im Bauch zumute. Nicht vor Hunger, gewiss nicht! Die Nächte zuvor hatte er nur wenig geschlafen, hatte sich die ferne Schule, das Internat vorgestellt, Gespräche spintisiert und seine Eltern leise reden hören. Als ihm Monique morgens noch eine ihrer frisch gebackenen Brioches zum Frühstück reichte, hatte er aufgeregt hineingebissen. Ich habe dir zwei Stücke Brot in deinen Reisebeutel gepackt, hatte Maman zu ihm gesagt und selbst von einer Brioche abgebissen. Und es war ihm wahrhaftig gewesen, als hätte sie noch viel zu erzählen gewusst und wäre am liebsten selbst mitgefahren, seine Maman, nach Paris, in die große Stadt mit all den vielen Menschen. Aber wo waren sie jetzt, die vielen Menschen? Der Wind jaulte auf, verschluckte sie alle. Einsam, halb steif in den Gliedern, noch durchgeschüttelt von dem ohrenbetäubenden Gezuckel der Kutsche und durchgefroren marschierten sie, er und Simon-René, hinter einem Fremden her zu der Schule, die ihm das Schreiben und Lesen beibringen sollte. Rechnen konnte er ja schon, sagte er sich. Das große Einmaleins, die Addition, die Subtraktion, auch die Multiplikation und die Division.

Man ging durch die schwere, hohe Tür. Louis zuckte zusammen. Die eisernen Scharniere dieser neuen Lebenstür in der Rue Saint-Victor hätten weiß Gott etwas Schmieröl aus der väterlichen Sattlerwerkstatt vertragen mögen. Anders gesagt, sie quietschten auf das Erbärmlichste in den Ohren.

»Wir sind da, mein Sohn«, stellte der Vater fest.

Er legte dem Zehnjährigen seinen Arm auf die Schultern und schrieb sich selbst damit eine unausgesprochene Frage von der Seele.

Louis löste indes den Tuchschal vom Kinn und lauschte in die dicken Sandsteinmauern hinein. Wie mächtig dieses Gebäude war. Ein Klotz, viel mächtiger als die dicke Kirche von Coupvray. Auf deren Empore hatte er schon einmal gesessen und hatte mit den Fußspitzen die Orgelpedale treten dürfen. Heimlich, als niemand zugegen war, außer der Kirchendiener, also der Abbé selbst. Dies ist freilich keine Messe, zu der du heute gehst, keine Morgenandacht und auch keine abendliche Vesper, schoss es ihm durch den Kopf. Verließ Moses nicht auch sein Zuhause, und war nicht auch Abraham ausgezogen? Louis bemühte seine Gedächtnistafeln. Die Mutter hatte ihm viele Male aus der Heiligen Schrift vorgelesen. Wie ging die Geschichte doch gleich? Jesus, sagte er sich, nun ziehst du also aus. Aus Coupvray, diesem kleinen Flecken mit Hervé Flaments riesigem Misthaufen in der Dorfmitte, den drei alten Linden, den Äckern und den Birnen deiner Mutter. Hinaus in die große Wüste nach Paris. Wüste hin, Wüste her. Er wusste eigentlich gar nicht so richtig, was eine Wüste war, wie es dort so zuging und wie die Menschen und Tiere dort lebten. Bécheret hatte das ferne Ägypten im Unterricht lediglich gestreift. Wie auch immer, er schritte nun in diesen Tempel der Blinden, in das Institut National des Jeunes Aveugles. Sein Hirn murmelte die Worte wie einen erhabenen Vers dahin. Einmal, zweimal. Er überlegte, spazierte auf seinen Hörachsen entlang, verortete sich, so gut es ging, und schnaufte furchtlos tief durch. Denn das hatten ihn seine Eltern zum Glück gelehrt: die Furchtlosigkeit. Neugierig tastete er nach der Wand. Da waren sie also, die mächtigen Sandsteinmauern, der nahe Tempel. Geh rein, Louis, sagte er sich in seiner Seele. Trau dich! Sekundenlang Stille. Ewigkeit. Im Rücken Coupvray, Paris vor der Brust. Die Schlagbäume zur Erinnerung knarzten. Sie gingen auf, die Tore zur Zukunft. Seine Füße spürten sie, die niedrige Türschwelle, seine Finger das alles entscheidende Türblatt, das Vor und Zurück. Und wie er so einen Fuß vor den anderen setzte, gedachte er einen Augenblick lang Jacques Palluys, des schelmischen Abbés, dessen Seele zwischen den Seiten einer alten, weisen Bibel lag. Er gedachte Antoine Bécherets, des Tintenkleckses, der ihm das Buch der Sprache und der Arithmetik als Rüstzeug für das Leben aufgeschlagen hatte, und selbstverständlich der Marquise Jeanne-Robertine d'Orvellier, die die Liebe zur Musik in ihm entfacht hatte, als sie ihm die Tasten des Cembalos zeigte. Und schließlich gedachte er, die feste Hand seines Vaters noch spürend, seiner Eltern, die ihn von jeher unterstützt hatten und die ihn fortan entbehren mussten. Beim Troddelnflechten, beim Unkrautjäten, beim Hühnerfüttern, bei der Rebenernte. Viele Monate würden vergehen, bevor er seine Familie wiedersähe. Das wurde ihm jetzt unmissverständlich bewusst, als er hörte, wie das Gepäck, sein Koffer, in das schmale Pförtnerzimmer verbracht wurde. Vergiss uns nicht, hatten sie alle gesagt, unnötigerweise besorgt darüber, dass sie ihn an die große weite Welt dort draußen verlören. Trüge er sie nicht zeitlebens in seinem Herzen?

Der Pförtner wies ihnen den Weg, setzte sie in ein kleines Kabinett gegenüber dem Speisesaal, aus dem lautes Geschirrklappern herausdrang. Die Schulglocke läutete den Nachmittagsunterricht ein. Die Zöglinge waren im Aufbruch begriffen. Simon-René hörte den Tumult, die natürliche Ungeduld, das strenge Maßregeln. Aufseherinnen dirigierten die Kinder. »Vite-vite«, schallte es über die etwa neunzig Köpfe hinweg, während noch Becher, Schüsseln und Besteck eifrig eingesammelt, gestapelt und auf Brettern fortgeschafft wurden.

Zwei Mädchen, nicht älter als vierzehn Jahre, wanderten durch die ersten leeren Tischreihen mit Blecheimer und Schrubber. Er hatte sich, nachdem er seinen Sohn offiziell angemeldet hatte, an den Türsturz gelehnt und verfolgte das allgemeine Umher. Die Feudel flogen, spritzten und klatschten. Dazwischen seufzte, stöhnte, quasselte, kicherte und scherzte es ungeniert. Die Menge taumelte vorbei, mit den Armen rudernd, eng aneinandergedrängt, Haarschöpfe und Halskrausen. Dazwischen, aus der angrenzenden Küche, hysterisches Kratzen und Schaben über Topfböden von Haferbrei. Angebranntes, klumpig und äschern schwarz, ein abscheuliches Luftgemisch. Stinkend süßlich, den schmerzenden Sümpfen des Aborts entstiegen, dampfte es in den benachbarten Flur. Dorthin, wo jetzt die Nasen eilten und sich tastend einen Weg durch den dunklen Korridor suchten, fern des üblen Gestanks, einer rettenden Türklinke zu. Inmitten dieses Stroms zu sehen das kahlköpfige Haupt eines Mannes, der sich stur gegen die Masse bewegte und Meter für Meter näher kam. Ein rundes Glas klemmte, von einer dünnen Kette gesichert, vor seinem linken Auge. Simon-René erkannte das Gesicht unversehens: Es war Sébastien Guillié, der Schulleiter des INJA.

»Bonjour, Monsieur!«

Was nun folgte, war die Aufnahmeuntersuchung des Neuankömmlings, die aus dem Wiegen und dem Vermessen der Glieder bestand, die fehlende Sehkraft unter Zuhilfenahme einer brennenden Kerze bescheinigte und, wie im Vorbeigehen, durch einen kurzen fachmännischen Blick zwischen die Beine das Geschlecht des Jungen als »richtig« im medizinischen Gutachten vermerkte. Die Gesichtszüge seien regelmäßig, der Zustand der Mandeln in Ordnung und das Muttermal über der Leber unauffällig. Er könne das Hemd wieder anziehen. Dann zu Braille gewandt – wann der Junge geboren sei? Ob man ihn gegen die Pocken habe impfen lassen? Wie es um die zweiten Zähne bestellt sei? Kinderkrankheiten, wenn ja, dann welche. Fragen, Blicke, Gesten. Ein »Mhm«, ein »Soso«, ein »Merci«. Das Stakkato ärztlicher Präzision, es nahm seinen Gang. Wie lange er die Luft anhalten könne? Der ehemalige Militärarzt drückte das Hörrohr gegen den Rücken des Untersuchungsgegenstandes, die Lunge. Er solle einmal kräftig husten. Er tat es. Ob Monsieur Guillié vielleicht einen Blick auf die Finger seines Sohnes richten wolle, fragte Braille leise dazwischen. Louis träume davon, ein Musikinstrument spielen zu dürfen. Er möge verzeihen, aber man wisse nicht, ob Louis' Hände dafür geeignet erschienen. Und da der Schulleiter doch selbst die Orgel spiele, wie zu Ohren gekommen, wäre seiner Frau und ihm an einer Einschätzung gelegen.

Guillié drehte sich stante pede zu dem Jungen um. Der wiederum strahlte ihn freundlich an, hoffend, dass Monsieur seinen Händen einiges mehr als seinen Spreizfüßen zutrauen möge. Und so war es denn auch. Sein musikalisches Talent, seine Hände, waren Gold wert, auch wenn Louis es in jenem Augenblick noch nicht in Gänze zu ermessen wusste. Sie waren der Wegezoll durch die engen, schäbigen Korridore des INJA. Sie beschützten ihn vor dem Heimweh nach Coupvray und ganz besonders vor den cholerischen Peitschenhieben eines Sébastien Guillié.

»Zeig her, mein Junge!«, sagte der Schulleiter in jenem bedeutungsschweren Moment.

»Oui, Monsieur!«, entgegnete Louis höflich und streckte sie ihm hin, die Hände aller Geschichte. Guillié wandte sich selbigen daraufhin prüfend zu, drehte und wendete sie hin und her, beschaute Muskeln und Sehnen, Gelenke, taxierte einen Fingerknöchel nach dem anderen, spreizte und bog die zehn Finger des Louis Braille, Oktaven und Dezimen auf dem Pianoforte im Geiste.

»Lege deine Handflächen mit der Unterseite auf dieses Brett, mein Freund!« Neugierig geworden, hatte sich der Schulleiter eine Schiefertafel von seiner Schreibkraft reichen lassen und diese mit erwartungsvollem Seufzen auf dem Schoß des Jungen platziert. Er wollte mehr wissen.

»Kannst du die Finger deiner Hände einzeln auf und ab bewegen, während die restlichen vier Finger deiner Hand stillhalten?«

»Oh, nichts leichter als das, Monsieur!« Und noch in derselben Sekunde flogen die Finger nacheinander singulär in die Luft, als gälte es, eine lustige Burleske auf dem heimischen Hof aufzuführen.

Der Schulleiter verfolgte die Vorführung stumm und irrte sich nicht. Beileibe! Dieser Knabe verfügte über eine extraordinäre Fingerfertigkeit. Schnell waren sie, diese Fingerglieder, kräftig. Flink und quirlig wie die Flügelschläge einer Lerche im Mai. Guillié starrte, stierte, lauschte stoisch, dem rhythmischen Trommeln und Klopfen, dem Hoch und Runter und wieder Hoch. Ringfinger, kleiner Finger, Zeigefinger, Mittelfinger, Daumen. Intervalle, Akkorde, musikalische Griffe sinnierend, zu zweien, zu dreien, ganz gleich. Ganz so, wie es Sébastien Guillié ihm auftrug zu tun.

»Bemerkenswert!«, murmelte Guillié verstohlen, der die Unabhängigkeit dieser zehn Finger sofort erkannte. Er räusperte sich und hob an. Die Brailles könnten sich glücklich schätzen, so sein Urteil. Die Schöpfung habe ihrem Kinde eine erstaunliche Fertigkeit mitgegeben. Louis habe die besten Voraussetzungen, um an den Instrumentalklassen teilnehmen zu können. Er, Sébastien Guillié, werde sich selbst um die musische Ausbildung des Zöglings kümmern. Er solle, ja müsse ans Cello, vielleicht auch an den Generalbass, aber zumindest an die Orgel. Am Ende sollten es alle drei sein, und es war gut so. Kaum ein Jahr sollte vergehen, da hielten diese Hände auch schon ihren ersten Pokal vor der Brust.

Der kahlschädlige Guillié diktierte es lauthals in das weiß gekalkte Zimmer, und die Assistenz protokollierte es beflissen unter dem Lichtschein einer schwachen Talglampe in der Ecke. Der Junge wirke ob der anstrengenden Anreise zwar etwas blutleer, aber ansonsten sei der Zehnjährige für sein Alter ausreichend entwickelt und kerngesund, sodass er auch in den Werkstätten zur Arbeit herangezogen werden könne.

»Point et voilà!«, das erschöpfende Resümee für das Aktenzeichen LB-1809. Es war vollbracht. Die Schreibkraft seufzte auf. Und als sich der Schulleiter dann noch daran erinnerte, dass es sich um einen eingefleischten Sattlersohn handele, so ließ er noch rasch eine Empfehlung für die Hausschuhmacherei und die Korbflechterei hinzufügen.

»Madame Clémence wird sich auf ihn freuen, Monsieur! Da bin ich mir ganz sicher!«, so der geschäftstüchtige Kommentar Guilliés, dessen Tonfall in diesem Augenblick wieder so kaltschnäuzig und unterkühlt wie der Kupferboden einer ausgeglühten Bettpfanne anmutete. Merkwürdig – es wollte sich trotz aller Fingerfertigkeit eines Louis Braille partout keine menschliche Wärme in dem Untersuchungszimmer ausbreiten.

»Nehmen Sie mit dem Jungen wieder im Wartezimmer Platz. Die Heimleitung wird sich um Sie kümmern und Ihnen das Quartier zuweisen.«

Simon-René nickte, nahm das Zettelchen mit dem Aktenzeichen von der Schreibkraft entgegen, studierte es, packte seinen Louis am Arm und führte ihn zu dem niedrigen Stühlchen, auf dem er zuvor schon gesessen hatte und wo er jetzt über das ellenlange Hörrohr nachdachte, mit dem Guillié in ihn hineingehorcht hatte. Ob sich mit einem derartigen Instrument wohl auch die Bienenkörbe seines Vaters untersuchen ließen?

Der kleine Braille besäße eine ungewöhnliche Beharrlichkeit für sein Alter und eine geradezu beispiellose Ausdauer. Er lerne schnell, erfasse den Stoff in all seiner Tiefe und gebe sich nicht eher zufrieden, als bis er die ihm gestellte Aufgabe löse, so war auf den Fluren, im Lehrerzimmer, ja selbst vor den anstaltlichen Urinalen zu vernehmen. Man staune und frage sich, wo der Knabe die ungeheure Vorstellungskraft hernähme, wenn es um die Geometrie ginge. Kürzlich sei er sogar um die dreizehnbändige »Arithmetica« des Diophantes in der Flachschriftbücherei geschlichen. Gar so, als wollte er sich in seinem zarten Alter nun schon der Algebra widmen. Unerhört! Die labyrinthischen Gänge des fünfstöckigen Gebäudes hätte er binnen weniger Wochen durchschaut, wenn sich – bei seiner körperlichen Beeinträchtigung – überhaupt von »durchschauen« sprechen ließe. Mit dem Grundriss des fünfstöckigen Gebäudes sei er en détail vertraut.

»Fragen Sie ihn ruhig nach den entlegensten Kabinetten und Kammern, und er wird Ihnen den Weg dorthin weisen«, sagte Madame Clémence zu ihrer Kollegin bei einem nachmittäglichen Verweilen im Kräutergarten der Schule. Die beiden Damen betrachteten die in regelmäßigen Rechtecken angeordneten Beete. »Man könnte glauben, der kleine Kerl sei als Spürhund der Schulbehörde unterwegs.« Sie bückte sich nach dem Salbei. Ein kurzes schnippisches Lachen entfuhr ihr, der klammen Seele von Fischbein und Eisen.

Aber zurück zu Louis! Es stimmte. Sein Fleiß, seine Logik, sein Orientierungssinn waren verblüffend, ebenso sein Tastsinn, gar nicht zu reden von dem absoluten Gehör, das Guillié nachträglich noch feststellte und ihn daraufhin auch noch in den Chor steckte.

Jaja, die Brailles konnten stolz sein auf ihren Sohn. Bewundernswert nahm er Besitz von diesem gewaltigen Steinklotz, diesem Tempel der Blinden – körperlich wie geistig. Auf Treppen, noch so steil, genauso wie auf den Tonleitern, die man ihm am Cello oder am Klavier abverlangte. Er nahm sie an, die Sprossen in Dur und Moll, übte, spazierte, wanderte mit ihnen um die Wette, um die Welt, den Mond, die Sterne und all jenes, das er nicht sehen konnte, aber in seinem Herzen zu fühlen glaubte. Wahrhaftig! Monique und Simon-René Braille hatten ihrem gesichtlosen Sohn ein Gesicht gegeben, eine Sehkraft hinter die Dinge, etwas Unumstößliches – einen Korb voll Fantasie. Louis zählte zeitlebens zu den Menschen, die sich ob ihres Geistes aus sich selbst heraus nähren konnten. Diese Fähigkeit war von unschätzbarem Wert. Sie war der Trost und die Zuversicht, die es brauchte, um die Lichtlosigkeit leben zu können.

»Lass uns eine Partie Schach spielen, Louis!«, forderte ihn Gabriel Gauthier auf, als sie nach einem langen Schultag in ihren Betten lagen, durchbohrt von geistiger Langeweile. Die Aufseher hatten, bis auf die im Krankenzimmer, bereits alle Talglampen gelöscht. Es kümmerte sie nicht. Sie flüsterten sich ihre Züge im schwachen Mondlicht zu, opferten Bauern, rochierten Türme, Könige und attackierten, bis sie der Schlaf einholte und sie gezwungen waren, das drohende Remis am nächsten Morgen vor halb gefüllten Frühstücksschüsseln abzuwenden. Es war die Musik, die die beiden Knaben zueinandergebracht hatte und sie Freundschaft schließen ließ. Dazu gesellte sich noch ein Dritter. Sein Name Hippolyte Coltat, ebenso blind wie sie, nie um einen Scherz verlegen und gelegentlich ein Quälgeist, wenn er das Serpent anstimmte oder vor Hunger mit den Füßen zu zappeln begann. Eines Tages, kurz nachdem Sébastien Guilliés Regentschaft als Schulleiter beendet gewesen war, saßen die drei Freunde um das Pianoforte herum. Gabriel führte ihnen eine eigene Komposition vor, eine Bagatelle, wie er es nannte, da ging plötzlich die Tür auf, und Monsieur Gaspard bat die drei Freunde für ein – man kann sagen – entscheidendes Tête-à-Tête zu Alexandre-René Pignier, dem neuen Schulleiter. Was wollte er nur von ihnen?

KAPITEL 10

DIE NACHTSCHRIFT

Paris, am Morgen des 11. April 1821:

Eine leichte Brise strich durch die Rue Saint-Victor. Über dem Viertel hing der bitter-süßliche Qualm von geschürtem Buchenholz. Die Kirschen blühten. Daneben behäbiges Scharren und Plustern. Tauben saßen um einen stummen Brunnen. Ein letztes Picken, dann machten sie sich in die Luft davon, schwerfällig, träge wie ein altersschwaches Scharnier, vorbei an den übereinandergeschichteten Fensterreihen der Nummer 68. Ein Mann blickte auf das hoch vor ihm aufschießende Gebäude, das ihm von einem früheren Besuch bekannt war, einen fünfstöckigen Winkelbau, dessen Verputz sich – an zahlreichen Stellen aufgebrochen – wie eine zerfetzte Haut ablöste, glanzlos, malerisch stumpf, geschunden von der Zeit, den blutigen Revolutionswirren. Einst ein Kloster, ein Priestergefängnis, dann mitleidsvoll auferstanden als neue Residenz für die Gesichtlosen aus dem moralisch versumpften Quinze-Vingts – das Institut National des Jeunes Aveugles, Frankreichs nationale Blindenanstalt, kurz INJA, das Zuhause von knapp neunzig Kindern und ihren Pädagogen.

Charles Barbier de la Serre klopfte den Staub von seinem grauen Rock, fasste sich ein Herz und trat dann entschlossen durch die breite Eingangstür in der Rue Saint-Victor Nr. 68.

Der groß gewachsene, hagere Mann mit der hohen Stirn und dem traurigen Augenaufschlag galt als schwierig und eigenbrötlerisch, als mundfaul und spinnert. Zurückgezogen, in bescheidenen Verhältnissen lebend, vertrieb er sich, wenn nicht gerade von der Schwermut geplagt, den lieben langen Tag mit merkwürdigen Tüfteleien, wie man sich erzählte. Einem niederen Adelsgeschlecht entsprungen, hatte sich der ehemalige Artillerieoffizier vor den Umtrieben der Französischen Revolution geflüchtet und war über den Atlantik gesegelt. Die Neue Welt vermessend, hatte er mehrere Jahre auf dem amerikanischen Kontinent zugebracht, wo er die bunten Schriftzeichen der dortigen Ureinwohner bestaunte und zu dem Schluss kam, dass der Fortschritt der zivilisierten Völker mit der Entwicklung der Schrift einhergehe. Und so stand er nun also vor Alexandre-René Pignier, der kürzlich einbestellten Institutsleitung des INJA, und referierte über eine neuartige Schreibmethode, wie er sie für blinde Kinder entwickelt habe.

Die Materie war verquer, kompliziert, vielschichtig und zweifellos mit unabsehbaren Folgen behaftet. Gedankenschwer glitt Alexandre-René Pignier durch das Barbier'sche Exposé, blätterte, legte die Spitze des Zeigefingers an einzelne Abschnitte, las, formte säuglingshafte Vokale und Konsonanten, hielt inne, griff zu einem zweiten Konvolut an Papier, blätterte auch darin und fasste sich ans Kinn. Nach Minuten des Schweigens schaute er dem 54-Jährigen fragend ins Gesicht. Wie der werte Herr denn auf diese Idee gekommen sei, wollte Pignier wissen. Er taxierte den vor ihm Stehenden, an dessen Robe ein Orden der französischen Armee hing. Es sei so ungewöhnlich, was er sich da ausgedacht habe, so gelehrig und in seinem Ansatz doch auch so kühn, da entgegen aller Konvention.

»Pardon!« Der Schulleiter langte nach dem präparierten Lineal, das Barbier seinen Unterlagen beigefügt hatte, und spielte mit der beweglichen Spange, die darauf angebracht war.

»Der Mechanismus lässt sich beliebig nach rechts oder links schieben, Monsieur.« Barbier beobachtete Pigniers unschlüssige Hand. Was die unzähligen Mulden zu bedeuten hätten, die in das Holz eingelassen seien, wunderte sich Pignier.

»Hier, nehmen Sie, Monsieur!« Barbier reichte dem ungläubig Dreinschauenden einen spitzen Griffel und einen Bogen festen Papiers, um diesen zwischen Lineal und der darüber verschiebbaren Gitterspange einzuklemmen. »Probieren Sie es selbst, Monsieur Pignier! Es genügt ein leichter Druck mit dem Schreibgerät, um mithilfe der vorgeformten Mulden Punkte in das Blatt hineinzustanzen.«

Der Schulleiter folgte der Anweisung, setzte die Griffelspitze an und drückte mehrere Male beherzt zu. Dann verschob er die Spange an eine andere Stelle des Lineals, setzte den Griffel erneut an und wiederholte das Experiment so lange, bis er zufrieden aufatmete, das präparierte Holzlineal mitsamt dem Papier herumdrehte, dieses von der Klemmleiste befreite, es wendete und das Ergebnis besah – die lose Ansammlung von erhabenen Punkten. Daneben, das Dokument aller Dokumente, die Perle der Schöpfung: Barbiers 12-Punkte-Blindenschrift, bestehend aus zwei vertikalen Reihen mit jeweils sechs möglichen Punkten, ausgearbeitet an den Grundlauten der französischen Sprache, systematisiert und in einer Zeichentabelle aufgeschlüsselt, summa summarum ein sonografisches Alphabet, wie Barbier es in seiner überschwänglichen Freude nannte. Der Artillerieoffizier war in seinem Element und schoss das nächste Kanonenkügelchen ab.

»Legen Sie die Kuppe Ihres Zeigefingers einmal selbst darüber, und überzeugen Sie sich von der außerordentlichen Prägnanz des Drucks, Monsieur. Ist es nicht faszinierend, mit welch einfachen Mitteln wir blinden Kindern die Welt öffnen können? Die Methode bedarf keiner Feder, keiner Kenntnisse der Orthografie und auch keiner Interpunktion, wenn ich das anmerken darf.«

»Sie dürfen!« Pigniers Verwunderung wuchs, wuchs wie ein hohler Kürbis, der zu nichts zu gebrauchen war und auf den Kompost wanderte. Er grübelte. Was sollte das heißen? Eine Sprache ohne Rechtschreibung und Zeichensetzung zu erlernen schien ihm, höflich gesagt, äußerst wagemutig. Barbiers Werk grenzte an ein phonetisches Hasardeurstück, wie es seinesgleichen suchte. Mit einer herkömmlichen Schrift hatte seine Methode wenig bis gar nichts zu tun. Als blinder Schüler lernte man die erhabenen Lettern des Alphabets zu lesen, dachte Pignier bei sich und wog seine Gedanken ab. Die Prägeschriften orientierten sich an der gängigen Form der lateinischen Buchstaben, Barbier aber verwarf das Alphabet der Sehenden, und zwar in einer radikalen Art und Weise. Dass es sich bei alledem auch noch um eine Spiegelschrift handelte, die fürs Schreiben zu praktizieren war, überging er in Gänze. Mon Dieu! Insgeheim hörte Pignier schon das gruselige Nörgeln und Mahnen von Pierre-Armand Dufau, dem stellvertretenden Schulleiter am INJA. Und was würde Céline Clémence erst dazu sagen, die seit vielen Jahren mit anderen Kollegen das Lesen der Prägeschrift unterrichtete. Sollte man den armen Kindern wirklich ein derartiges modernes Schreibverfahren zumuten, ja konnte man es ihnen überhaupt zumuten? Pigniers Herz vollführte einen Wettstreit an langen Seilen. Am Ende riss das Seil, und er holte den hohlen Kürbis der Verwunderung wieder vom Kompost zurück und füllte ihn mit Sanftmut und Neugier. Großmütig verzichtete er darauf, Barbier in die Parade zu fahren und dessen Schöpfung, noch ehe sie auferstanden war, ans Kreuz zu nageln und zu verdammen.

Der phonetische Hasardeur schob seine kräftige Nase über den Schreibtisch und strahlte ob seiner Erfindung. Pignier, die Fingerkuppe noch über den erhabenen Punkten, schaute auf Barbiers ausgeklügelte Zeichentabelle und runzelte die Stirn. Er brauche Zeit, müsse das Ganze einer tiefergehenden Prüfung unterziehen. Es gebe am Institut verschiedene Experten, denen er die Barbier'sche Schrift vorlegen wolle, um mit ihnen darüber zu konferieren. Man unterweise die Kinder normalerweise mit erhabenen Buchstaben, entweder aus Holz, Blei oder Karton. Unter welchem Titel er denn die unglaubliche Erfindung vorstellen dürfe?

»Écriture Nocturne«, entgegnete Barbier, zuckte mit den Schultern, als wüsste er nichts Besseres für den Moment, und ergänzte daraufhin verlegen: »Ein passabler Name für eine veritable Erfindung, finden Sie nicht?!«

Pignier nickte gutmütig. »Wenn Sie es so sagen, Monsieur Barbier, dann soll es so sein – wohlan! Eine Nachtschrift also.« Er griff nach einem Bleistift und kritzelte die unerhörte Bezeichnung unter die von ihm durchgestanzten Punkte.

Ob er denn Schüler habe, die das Werk einmal ausprobieren könnten, so Charles Barbier höflich nachbohrend.

»Durchaus«, gab Pignier zur Antwort. Allein, es müsse wohlüberlegt sein, wie zu verfahren sei. Er habe zwei, drei begabte junge Blinde im Sinn, die sich der Methode annehmen könnten.

Drei Monate später saßen Hippolyte Coltat, Gabriel Gauthier und Louis Braille noch vor den Sommerferien in dem kleinen Unterrichtszimmer neben der Flachschrift-Bücherei, umringt von einer eigens einberufenen Kommission, darunter der Staatssekretär des zuständigen Ministers, Étienne Perigot.

KAPITEL II

DIE PROBE

Isaac Roques spitzte den Grafitstift, Dufau klappte den Deckel seiner Taschenuhr auf und Madame Clémence ein Oktavheft. Die drei Schüler waren eingeweiht und hatten sich, so gut es ging, vorbereitet. Die Barbier'sche Zeichentabelle unterm Arm, wurden die drei nacheinander einzeln von Dr. Pignier in den Raum gebeten. Barbier händigte einem jeden von ihnen seine präparierten Lineale aus, dazu Papier und Griffel. Es möge beginnen, sagte Étienne Perigot teilnahmslos. Der kannte das ganze Brimborium bereits von einer früheren Unterredung mit Sébastien Guillié, der glücklicherweise nicht mehr am INJA weilte. Dieser zwielichtige Charismat hatte sich seiner zügellosen Leidenschaft nicht erwehren können und sich derer einmal zu viel hingegeben. Das spitz-erhabene Knallen seiner Peitsche war nicht nur durch die Gänge des Instituts gehallt, sondern bis in die Stuben der Pariser Schulbehörde und des Innenministeriums vorgedrungen. Guilliés Opfer, ein dreizehnjähriges Mädchen namens Lilou, eine Waise, hatte sich verbotenerweise im Knabentrakt des Internats aufgehalten und war im Anschluss an ihre leibliche Bestrafung in das nahe gelegene Hospital eingeliefert worden. Lilous Anblick hatte einer ägyptischen Mumie geglichen, nur mit dem feinen Unterschied, dass die Guillié'sche Mumie, der zerfetzte Körper, noch gequält atmete.

»Diese elende Bestie!« Doktor Pacquée, der diensthabende Stationsarzt, hatte sich über das zerrupfte Kind gebeugt. Erschüttert hatte er auf den Rücken des Mädchens gestarrt und die Verbände angelegt, unter ihnen eine heilende Wundsalbe.

Eine Ära war zu Ende gegangen, eine Ära des Schreckens. Guillié aber, in die nächtlichen Nebel von Paris abgetaucht, war für alle Zeiten spurlos verschwunden geblieben. Ein paar Filzpantoffeln, in Eile zurückgelassen, waren alles, was die Gendarmen von der Bestie noch gefunden hatten. Nachdem die Schweißhunde ihre nassen Schnauzen in die noch warmen Schuhe gesteckt hatten, wandten sie sich winselnd ab und trollten sich in die entfernteste Ecke.

Im Ministerium hatte man am nächsten Tag die Hände über dem Kopf zusammengeschlagen. Man dankte der Gerechtigkeit, die der liebe Gott hatte walten lassen. Der Weg war frei, geebnet für einen neuen Kopf, eine moralische Lichtgestalt. Dr. Alexandre-René Pignier, seines Zeichens ehemaliger Militärarzt, übernahm die Leitung des Institut National des Jeunes Aveugles noch im selben Monat. Ihm, dem gutherzigen Mediziner und Menschenfreund, der manch eine Soldatenseele zusammengeflickt hatte, traute man einen frischen Wind zu. Der dunkle Mief der Vergangenheit sollte zu den Fenstern hinausgejagt werden.

Und tatsächlich! Wie kein anderer kümmerte er sich seit seiner Antrittsrede um die Gesundheit der Schüler, um deren leibliches und seelisches Wohl. Wann immer es das Budget erlaubte, so fanden sich plötzlich Obst und Gemüse auf den Tellern der Zöglinge. Und da ein gesunder Geist nur in einem gesunden Körper wohnen könne, verordnete er regelmäßige Spaziergänge und Leibesertüchtigungen im Jardin des Plantes – zum Erstaunen der Gärtner und der Pariser Bevölkerung. Zwar war man an den heimlichen Anblick turtelnder Liebespaare gewöhnt, doch blinde Kinder ausgelassen zwischen Büschen und Bäumen herumtollen zu sehen, mutete – wie soll man sagen – spektakulär und außergewöhnlich an. Was das Lesen und Schreiben seiner blinden Zöglinge anging, sah Dr. Pignier allerdings durchaus Luft nach oben, will sagen, das Gestammel beim Lesen und das ungeschickte Führen der Tintenfeder hatte er binnen kurzer Zeit als schmachvolle Peinlichkeit ausgemacht. Allein, es mangelte ihm an einer zündenden Idee, wie dem Problem beizukommen sei. Insofern stand er dem Experiment mit Monsieur Barbier nach allem Für und Wider offen gegenüber.

Die fünfköpfige Kommission beabsichtigte, ihre Aufmerksamkeit zunächst auf die Hände der drei Knaben zu lenken. Man war gespannt, wie sie sich mit dem neuen Schreibgerät schlügen.

»Bonjour, mein Junge!« Charles Barbier begrüßte Hippolyte, der als Erster durch die enge Türzarge trat, sich an Schulbänken durch das kleine Unterrichtszimmer hangelte und erwartungsvoll Platz nahm. Seine beiden Kameraden, Gabriel Gauthier und Louis Braille, warteten draußen vor der Tür und fragten sich indessen gegenseitig mit Barbiers Zeichentabelle ab. Sie hätten nichts zu befürchten, so hatte Dr. Pignier noch gestern erklärt, als er die drei Jungen zu sich ins Büro gerufen hatte. Es ginge allein um die Schrift des Herrn Barbier und nicht um ihre Leistungen. Es handele sich um ein Experiment, das nicht benotet würde. Und trotzdem: Viel lieber nähme er jetzt an der nachmittäglichen Chorprobe teil oder kämmte Wolle in der Werkstatt. Er zappelte nervös auf dem Stuhl herum und fühlte sich wie eine arme Küchenschabe, beobachtet von den vielen Augenpaaren der Erwachsenen um ihn herum. Alles wichtige, ehrwürdige Personen, deren Stimmen er – bis auf eine – wohl kannte. Ob es seinen beiden Freunden im Anschluss auch so erginge?

Pignier begann mit ruhiger, fester Stimme, so wie es seine Art war. Er diktierte, diktierte langsam, die Schüler betrachtend, und hörte in die Pausen hinein, hörte das feine Tack-Tack, das Stanzen von erhabenen Punkten, das leise nervöse Klappern mit den Schreibtafeln, das Verschieben der Gitterspange auf dem Lineal, ein Ach, ein Oje, ein nachdenkliches Seufzen, ein angestrengtes Stöhnen, Letzteres von Madame Clémence, die ihre Hände über dem weißen Kleid zusammengefaltet hatte. Dann, nach ungefähr einer Dreiviertelstunde, hielt Pignier nach dem letzten Probanden inne und bat die zwei anderen Schüler wieder zu ihnen allen herein. »Nehmt Platz!«

Sie taten es und schwiegen, die nächste Aufgabe erwartend. Pierre-Armand Dufau blickte argwöhnisch. Das Experiment sei Zeitverschwendung, hatte er gegenüber Pignier im Vorfeld erklärt, nachdem er das »sonografische Alphabet« des Herrn Barbier ein zweites Mal in Augenschein genommen hatte.

»Ich kann mich dem Urteil von Monsieur Dufau nur anschließen«, verkündete Céline Clémence im Lehrerzimmer, ihre Meinung mit einer ausladenden Geste unterstreichend. Auch sie blickte mit Argusaugen auf das, was sich hier an diesem verregneten Nachmittag im August abspielte.

Die zwei sollten recht behalten: Das Experiment geriet zur Farce. Wie? Nun ja, Dr. Pignier ließ die drei jungen Herren ihre Schriften nach dem Diktat austauschen und für die Zuhörerschaft laut vorlesen, ganz so, wie es sich die Experten des INJA im Vorfeld ausbedungen hatten. Die Vorgehensweise sei fachlich erprobt und führe zu einem von allen Seiten anerkannten Ergebnis.

Louis war der erste Schüler, der Gabriel Gauthiers Epos zum Besten gab, zwar nicht überragend, aber doch zumindest derart, dass man den Inhalt des Textes gut verstehen konnte.

»Voilà, ich habe es Ihnen versprochen!« Charles Barbier lächelte zuversichtlich in die Runde.

Doch dies war erst der Beginn! Es kam anders: Gabriel selbst las Hippolyte Coltats Punktschrift und geriet bereits in beträchtliche Schwierigkeiten. Zwar ließ sich das Thema des Textes erkennen, doch benötigte Gabriel eine halbe Stunde, bis er das letzte Wort entziffert hatte, und dies bei seiner überaus hohen Fingerfertigkeit, die er sich am Pianoforte erworben hatte. Hippolyte Coltat geriet sodann gänzlich unter die Räder, als er Louis' Punktschrift dechiffrierte.

Barbiers Miene trübte sich ein und glich schon nach kurzer Zeit dem Gesichtsausdruck eines vertrockneten Laubfrosches. Er starrte fassungslos auf Hippolyte, dessen Finger hilflos über die Zeilen marschierten. Der Junge senkte den Kopf, bemüht, beharrlich in seinem Bestreben, die winzigen erhabenen Punkte auszulesen. Seine Hände waren klamm vor Aufregung. Es half nichts. Er strauchelte schon nach wenigen Zeichen, stockte und stolperte von einem Wort zum anderen. Verschämt hob Hippolyte den Kopf und fragte, ob er vielleicht einen anderen Text bekommen könne.

Barbier, der phonetische Hasardeur, wie ihn Dufau abfällig tituliert hatte, hing apathisch im Stuhl, versunken in sich, in sein Schicksal vergraben, ja in das Schicksal der ganzen Welt, die – und das wusste er – um eine Chance gebracht war. Wie zermürbend! Tags drauf würde er sich einer schweren Depression nicht erwehren können.

Céline Clémence geriet in Wut über die ganze Sache. Die Veranstaltung war ihr äußerst verdrießlich. Wie man die Kinder nur so quälen könne! Ein Wahnsinn sei dies, hatte man sich doch erst von der Guillié'schen Bestie befreit. Pignier lief bei der Nennung seines Vorgängers rot an.

»Madame Clémence hat recht! Ich könnte es selbst nicht treffender zum Ausdruck bringen!«, bemerkte Pierre-Armand Dufau überheblich und schaute zu dem in sich kauernden Isaac Roques.

Und Étienne Perigot, der Schöngeist? Der Staatssekretär wandte das Gesicht, peinlich berührt, zu Dr. Pignier und bat ihn unter vier Augen, Monsieur Barbier ausrichten zu lassen, man habe die Erfindung im Ministerium wohlwollend zur Kenntnis genommen. Sie spiegele einen bemühten und humanitären Geist wider. Barbier habe etwas Unerhörtes geschaffen, eine Schrift für Blinde, die für diese jedoch unlesbar sei.

Und damit war das Kapitel für alle beendet. Wirklich für alle?

KAPITEL 12

DIE FERMATE DES GLÜCKS

Blitzartiges Getöse. Ein Schuhgewitter erhob sich mit einem Mal. Absätze und Sohlen wirbelten durcheinander, schabten über den verschrammten Fußboden. Staubflöckchen. Die Schritte der Anwesenden entfernten sich. Man stürmte zur Tür hinaus. Vornehm erregt, die Worte, vom Vorflur verschluckt, ein näselndes »Gewiss!«, ein finales »Non«. Étienne Perigot bildete die Spitze der Prozession. Danach kamen Pignier, die restliche Kommission im Schlepptau, dahinter Coltat und schließlich auch Gauthier. Der schnipste mit den Fingern und fragte sich, wo sein Freund Louis abgeblieben war.

Doch der hörte nichts. Der zwölfjährige Sohn eines Sattlers war still sitzen geblieben und beugte sich in der Manier eines Simon-René über das ihn ernährende Handwerkszeug. Hingebungsvoll, gar so, als fühlte er jedes einzelne Zeichen, ja jeden Punkt für sich genommen ab, so hockte er an dem Tisch, wo man ihnen sonst beibrachte, wie man mit Tinte und Feder umging. Leicht vorgebeugt, die Augen halb geschlossen, studierte er noch immer die Zwölf-Punkte-Schrift des Charles Barbier de la Serre, der noch im Zimmer weilte und seine Siebensachen zusammenpackte – Lineale, Griffel, Zeichentabellen, Papier und nicht zu vergessen die seitenlangen Ausführungen zu seiner Nachtschrift, der »Écriture Nocturne«. Louis wisperte die Worte zwei-, dreimal langsam aufs Papier. Ihm gefiel die Bezeichnung, auch wenn sie so gar nichts mit der Nacht zu tun hatte, wie er fand. Wie Monsieur wohl auf diesen Namen gekommen war?

Im Gegensatz zur Kommission fesselte ihn die Erfindung des Herrn Barbier auf ungeahnte Weise. Ja mehr noch! Sie faszinierte ihn so sehr, dass er die Anwesenheit des düpiert dreinschauenden Artillerieoffiziers vergaß. Ein seltsames Gefühl erfasste ihn, so unbeschreiblich, dass er dachte, es müsse unbedingt mit der Schrift des Monsieur zu tun haben. Und so war es auch – die erhabenen Pünktchen hatten es ihm angetan, schon gleich, als Dr. Pignier ihn und die anderen zu sich gerufen hatte. Er konnte es überhaupt nicht begreifen, warum Monsieur Dufau, Madame Clémence und der fremde Herr aus dem Ministerium so aufgeregt durcheinandergeredet und gleich nach der Vorführung aus dem Kabinett geflohen waren. Hatten sie die Pünktchen denn überhaupt einmal selbst befühlt oder sie gar selbst mit dem Griffel durch die rechteckige Spange gestanzt? Isaac Roques war gänzlich stumm geblieben, obschon er doch sonst nicht mundfaul war.

Und jetzt? Jetzt sammelte Monsieur Barbier seine schönen Lineale verloren ein. Wie seltsam! Warum das alles? Nur weil Hippolyte sich von vorne bis hinten verlesen hatte? Der Esel! Kein Wunder, schließlich hatte er zwei Wochen damit zugebracht, den vier dicken Darmsaiten des Cellos saubere Töne zu entreißen. Über seine Fingerkuppen hatte sich eine schroffe Hornhautschicht gelegt. Wie sollte er damit noch etwas fühlen?

Louis schob die Hand über das Barbier'sche Schreibgerät. Wie die kleinen Mulden wohl in das Holz kämen, fragte er sich jetzt. Ein jedes Mal zwei senkrechte Reihen und ein jedes Mal sechs Punkte von oben nach unten. Wie fein und gleichmäßig sie doch anzufühlen waren. Er presste seine Fingerkuppe darüber und verharrte für einen Augenblick in der beispiellosen Materie, bevor er zu mathematisieren begann, die

Punkte nacheinander bezifferte – eins, zwei, drei, vier –, ein leises »Douze« dahinhauchte, die einzelnen Punkte auf seiner inneren Wachstafel einritzte. Anschließend multiplizierte er die zwölf mit sich selbst. Dass die 144, die daraus als Zahl entsprang, nicht das Unvorstellbare, das Unendliche dieser zwölf Punkte auszudrücken vermochte, konnte er in seiner Unkenntnis des Potenzrechnens nicht ermessen. Und dennoch! Die Zahl machte durchaus einen gewaltigen Eindruck auf ihn, den Zwölfjährigen. Und so holte er also tief Luft, schnaufte einmal und auch gleich noch ein zweites Mal.

Und während er also ganz überwältigt mit den Fingern fühlte und tastete und rechnete, die weizengrießgroßen Punkte auslas, da begann er allmählich, die biblischen Ausmaße seiner Entdeckung zu begreifen. Potz blitz!, sagte er sich. Abbé Palluy und Antoine Bécheret hätte er davon erzählen mögen. Sie wären stolz auf ihn gewesen. Wie gut sich diese zwölf Punkte doch miteinander zusammenbringen ließen! Mal nähme man diesen, mal nähme man jenen Punkt, füge einen oder vielleicht auch zwei, drei Punkte hinzu, ja vielleicht sogar vier, fünf. Und wenn dem nicht genug war, so kaprizierte man sich beim Schreiben eben auf die verschiedenen Stufen von oben nach unten, sechs an der Zahl. Gar nicht so schlecht, dachte er bei sich, mit den Füßen vor Freude zappelnd.

»Mhm!« Die Sache mutete verwegen an. Ein formidabler Gedanke packte ihn, und er packte den Gedanken am Haken wie einen fetten Hecht in der Seine. Er fühlte es: Die Schrift des Monsieur Barbier ließe sich wohl gar zu einer Geheimschrift ausfeilen, mit der sich viel leichter spielen ließ als mit den langen Knotenschnüren, den Kerbhölzern oder den ausgehöhlten Holzstäben, in die sie Bucheckern, Linsen und Erbsen bugsierten. Ganz heimlich natürlich, denn wenn die Mamsell erführe, dass sie die Linsen und Erbsen für derartige Spielereien darin versteckten, gäbe es ein Donnerwetter, das sich gewaschen hatte. Sich die Langeweile mit einer Punktschrift zu vertreiben war hingegen weitaus ungefährlicher. Die Idee war grandios. Coltat und Gauthier musste er davon unbedingt berichten. Es gab nur ein Problem dabei – eine Schreibtafel, wie sie Monsieur Barbier gebaut hatte, war nicht so einfach zu bekommen, oder vielleicht doch?

Barbier konnte dem freundlichen Wesen des Zwölfjährigen, seinem Lächeln und seiner kindlichen Begeisterung für die »Écriture« nicht widerstehen. Nach einigem Hin- und Herüberlegen öffnete er seine lederne Aktentasche und holte besagtes Holzlineal auf dem Weg zum Ausgang noch einmal hervor. Wenn schon nicht er selbst, Charles Barbier, die Möglichkeit besäße, die werten Damen und Herren von seiner Erfindung zu überzeugen, so sollte seine Erfindung doch wenigstens in diesem blinden Kind und seinen Freunden fortleben.

»Herr, vergib ihnen, denn sie wissen nicht, was sie tun«, sagte er zu sich selbst und wandte sich Louis zu, der ihm am Rockzipfel hing und mit der Geduld eines Benediktinermönchs auf ihn einredete. Nicht ohne Erfolg, wie es schien.

»Ich schenke es dir, junger Freund!«, sagte Barbier in einer Gefühlsregung herb-seichter Melancholie und legte das Geschenk in die feingliedrigen Hände des zu ihm Aufblickenden.

»Zwar weiß ich nicht, was du damit anzufangen gedenkst, aber wenn es dir und deinen Kameraden denn so viel bedeutet, dann soll euch dieses wertlose Holz fortan als Spielzeug Freude bereiten.« Barbier biss sich traurig auf die Unterlippe und gedachte der vielen Stunden, die er mit diesem »wertlosen« Stück Buchenholz zugebracht hatte.

»Halte es in Ehren, Louis. Möge es euch mehr Glück bringen als mir dummem Menschen.« Er stieß einen Seufzer aus, zuckte deprimiert mit den Schultern und verabschiedete sich, ohne jemals wieder einen Schritt in das Institut setzen zu wollen. Die große, schwere Tür fiel ebenso schwer ins Schloss.

Louis aber, von dem Geschenk des Charles Barbier getragen, ereilte eine unendliche Fermate des Glücks. Mit diesem Ton ließe sich das Institut, ja die ganze Welt umarmen.

Und so verging kein Tag, keine Stunde, in der der feinsinnige Junge aus Coupvray sich nicht mit den Barbier'schen Hieroglyphen beschäftigte, sie mit den Fingern durchleuchtete, sie inbrünstig las und auf ihre Geheimnishaftigkeit befragte. Getrieben von dem unstillbaren Verlangen, von dem Wunsch, sich einer Schrift bemächtigen zu können, die alles hinter sich ließ, was sie bis dahin kannten, und vielleicht die flache Tintenschrift der Sehenden überflüssig machte, führte er die Griffelspitze über die kleine Metallspange des Barbier'schen Lineals und stanzte sich bis zum Horizont eines jeden Papiers, bis ihn eines Tages die Erkenntnis anflog, dass es nichts taugte, was er da mit diesen zwölf Punkten anstellte. Was nutzte es?

Die Zeit verging indes. Dank seiner Fingerfertigkeit arbeitete er sich zum Vorarbeiter in der Pantoffelwerkstatt hoch, wurde von Pignier musikalisch gefördert und half seinen Klassenkameraden bei der Arithmetik, der Geografie oder der Grammatik. Das Grübeln über eine Punktschrift jedoch erfüllte ihn bisweilen mit Wut und quälender Ungeduld. Auch nachts, wenn er sich vom Albtraum über die zwölf Punkte des Charles Barbier nicht lösen konnte und sich die Haare raufte.

»Was schleift der Junge nur immer dieses flache, lange Holz mit sich herum?«, bemerkte Céline Clémence im Lehrerzimmer, wenn sie ihren Blick aus dem Fenster richtete und in den Garten schaute, wo Louis auf der Wiese inmitten von Ringelblumen und Vergissmeinnicht saß, seine Freunde neben sich. Argwohn lag in ihrer Stimme. »Er ist ja«, und sie pausierte für einen vielsagenden Moment, »wie besessen von diesem Ding!«

Woher er das teure Papier nur nähme, schaltete sich Selonge Noublier ein. Sie schaute ihrer älteren Kollegin über die Schulter und platzte vor Neugier.

»Vermutlich die Institutsleitung«, maunzte Clémence mit dem Unterton einer beleidigten Katze zurück. Pignier würde seinen Liebling schon mit dem notwendigen Material versorgen, nicht wahr, so ging es ihr durch den Schädel. Vielsagende Blicke kreuzten sich. Der Umstand, dass das Papier, das sie für ihre Arbeit benötigten, wie ihr Salär bisweilen allzu knapp bemessen war, ließ sie auf fromme Weise schmollen.

Als er eines Tages mit Gabriel Gauthier und Hippolyte Coltat zusammensaß und sich die Zeit mit einem Würfelspiel vertrieb, stutzte Louis mit einem Mal und drehte die beiden Holzwürfel auf der flachen Hand von einer Seite auf die andere. Gauthier, schon ungeduldig, mahnte, Louis solle das Spiel nicht unnötig verzögern, auch wenn er dabei sei, zu verlieren. Hippolyte, der dafür bekannt war, die Würfel durch einen effetbetonten Wurf auf die gewünschte Augenseite manövrieren zu können, pflichtete ihm bei.

»Gabriel hat recht! Gib mir die Würfel, wenn du keine Lust mehr hast, Louis.« Noch hoffte er auf die Chance, den führenden Gauthier mit einem Pasch zu schlagen.

»Also, mach schon!« Hippolyte Coltat grinste sich eins, streckte den kräftigen Arm zur Seite aus und packte Louis schelmisch an der Ellenbeuge. Der riss sich daraufhin los, sprang vom Tisch auf und jauchzte es lautstark hinaus:

»Voilà! Ich habe es!« Er rammte die Füße fest in den Boden und presste die Spitze seines rechten Zeigefingers auf die sechs Nadelköpfe, die Zahl von Augen also, mit der Gabriel Gauthier das Spiel plötzlich für sich zu entscheiden geglaubt hatte. Coltat stöhnte entnervt, Gauthier hielt sich die empfindlichen Ohren zu. Was ging in ihrem Freund nur vor?

KAPITEL 13

EIN DÜNNER DRAHT

Tags darauf marschierte Louis gut gelaunt mit Barbiers Lineal bewaffnet durch den langen Korridor im Erdgeschoss, vorbei an Valentin Haüys Porträt an der bröckeligen Wand, dem kleinen Teewägelchen, das außerhalb der Unterrichtszeit ein um das andere Mal laut aufklapperte, dem staubfeuchten Geruch entgegen, bis ans andere Ende, wo sich die Druckerei des INJA befand. Er drückte die Türklinke nach unten.

Isaac Roques stand an der Werkbank und machte sich daran, einen Bogen festen Papiers mit einem in Wasser getauchten Pinsel zu benetzen. Er trug Arbeitskleidung, eine lange, fleckige, bis zu den Fußfesseln reichende Lederschürze, darunter ein Leinenhemd und eine ärmellose schwarze Weste, die ihm über die Hüfte reichte und ihm die Nieren wärmte. Dazu eine halblange, über die Knie fallende Hose. Er mümmelte auf einem Stück Kautabak, seine Art, den notorischen Hunger zu bekämpfen. Als er die Tür aufgehen hörte, blickte er hoch, nicht viel anders, als wenn er über einem neuen Poem saß und Silben wie weiches Gold in Versmaße goss.

Pignier hatte ihn, den unbedeutenden Dichter, den Autodidakten aller Worte, allerdings nicht wegen der Poesie angestellt, sondern wegen seiner Handwerkskunst. Roques beherrschte die Presse, die Buchpresse, um es genau zu sagen. Keine gewöhnliche Buchpresse. Nein, eine Prägedruckpresse, die ein

Vermögen verschlungen hatte, ebenso wie die in Blei gegossenen lateinischen Buchstaben. Mit herkömmlichen Lettern in Spiegelschrift hatten Letztere nicht viel zu tun. Damit wäre man nicht weit gekommen, denn um eine Reliefschrift zu erzeugen, setzte Roques die Bleiformen nacheinander von links nach rechts, eine Kolonne nach der anderen, also genau umgekehrt.

»Geh und hole mir die Flanell-Einlage, Philipp!« Roques quetschte die Worte durch die schmalen Lippen, darauf bedacht, dass ihm der Tabak nicht aus dem Mund fiel. Unterdessen verschwand der schüchterne Junge, ohne Notiz von Louis zu nehmen, wortlos in der Kammer, wo er die Regalbretter sogleich nach dem Material abzusuchen begann.

»Ich kann sie nicht finden, Monsieur«, drang es verhalten aus dem Magazin.

»Bonjour, Monsieur!« Louis hatte sich Isaac Roques höflich genähert und stand jetzt vor dessen Werkbank. Ein stinkender Geruch schlug ihm entgegen, bitter, süßlich, die grünbraune olfaktorische Essenz des Roque'schen Tabaksafts. Der schmächtige Mann hob den Schädel, dann den Pinsel. Er verzog die Miene, kurz, um sogleich in den benachbarten Lagerraum zu rufen.

»Wo bleibst du, Philipp? Die Presse wartet nicht auf uns!«

»Einen Moment, Monsieur Roques!«, hallte es beflissen zurück.

»Salut, Louis!« Roques beugte sich über die Werkbank und bearbeitete das Papier mit langen Pinselschwüngen.

»Du kommst zu einem denkbar ungünstigen Zeitpunkt, mein Junge! Wir dienen dem Herrn und pressen eine neue Ausgabe des Vaterunser. Das heißt, wenn der Allmächtige unserem Philipp nun endlich den rechten Weg weist und ihm Beine macht. Philipp, wo steckst du?« Ungeduldig legte er den Pinsel neben sich und wartete still kauend.

»Pardon, Monsieur Roques!« Louis versuchte noch einmal sein Glück, doch Isaac Roques wollte nicht. Seinen Blick fest auf den wässrigen Film geheftet, seufzte er ein »Geduld, mon ami, Geduld!«. Der Kautabak war in die Wangentasche gewandert.

Das Papier saugte sich voll. Unterdessen Schritte, harte Ledersohlen. Roques holte einen runden Tiegel aus der Schublade, darin enthalten ein fein gemahlenes Seifenmehl. Dieses Pulver siebte er über das bleigraue Vaterunser, so lange, bis ein jedes Wort mit der Druckhilfe vermehlt war. Danach – er hatte das Sieb wieder zur Seite gelegt – fasste Roques das schmierige Papier an den Ecken. Er hob es vorsichtig in die Luft, drehte sich zur Presse und warf es wie ein nasses Bettlaken mit einer beherzten, aber sanften Bewegung über die Blei-Lettern. Aufgeweicht und geschmeidig, wie sich das Papier nun zeigte, kroch es über die Formen der einzelnen Buchstaben hinweg. Linien und Bögen erstanden, sanft gewellte Täler, Gebirgskämme und Flusslandschaften. Eile war geboten! Entschlossen griff Isaac Roques nach der Tintenhaut, wie er das dünne Pergament nannte, das für den Schwarzdruck unverzichtbar war, denn nur der Haüy-Noire erlaubte es Blinden und Sehenden gleichermaßen, die Reliefschrift zu lesen. Tiefschwarz legte sich die feuchte Haut in das Druckbett.

»Hier, Monsieur!« Philipp war aus dem Magazin hinzugetreten, ein schweres Flanelltuch in den Händen.

»Endlich!« Roques nahm es ihm erleichtert ab, faltete es zweimal auf Kante und bedeckte das zu bedruckende Papier damit. Er strich sich eine Schweißperle von der Stirn. Der Prägedruck konnte beginnen. Roques speuzte den Kautabak in einen Blechnapf, hustete zweimal bronchial und wandte sich dann seinem Gegenüber mit großen Augen zu.

»So, nun also zu dir, Louis! Was führt dich zu uns in die Werkstatt?«

Louis holte das Barbier'sche Lineal aus der Tasche und hielt es Roques vor die Nase. Der staunte. Er erinnerte sich an das ominöse Ding, das Charles Barbier ein Jahr zuvor ins INJA geschleppt hatte. Der Monsieur war damals wie ein Don Quijote gegen die Windmühlen der Kommission angerannt. Zwecklos war es gewesen, dieses Ding, ohne weitere Bewandtnis für das Institut. Im Hintergrund quietschte und knarrte es mechanisch. Philipp betätigte die Buchpresse, während Isaac Roques schluckte, als er Louis Braille, diesen intelligenten Jungen, mit dieser dummen Schreibtafel vor sich stehen sah. Umso überraschter fragte er Louis also, wie das fragwürdige Ding allen Disputs zu ihm gekommen sei. Monsieur Barbier habe ihm das Lineal auf seine Bitte hin überlassen, gab Louis hektisch blinzelnd zur Antwort. Er zeigte auf die kleine Metallspange. Ob er, also Roques, das Feld mit den zwölf Punkten nicht in zwei Felder zu jeweils sechs Punkten teilen könne.

»Aber wie stellst du dir das vor, mein Sohn?« Isaac Roques legte die Stirn in Falten. Stille. »Der Abstand zwischen den Mulden ist äußerst gering bemessen«, wandte er kritisch ein. Er kniff die Augen zusammen und blickte durch seine verstaubte Brille. Der Mann aus Montauban überlegte, während er das symmetrische Muster betrachtete und die Regelmäßigkeit der Ausfertigung bewunderte. »Zugegeben, ein bemerkenswertes Utensil, das du Monsieur Barbier da abgeschwatzt hast, mein Junge.«

Erneutes Quietschen. Philipp öffnete die Presse und zog das schützende Flanelltuch vorsichtig ab, ebenso die Tintenhaut. Das Vaterunser kam zum Vorschein. Unschuldig wie ein Säugling lag es da.

»Schauen Sie, Monsieur!« Philipp befreite das Vaterunser aus der Buchpresse und hielt es vor seine Brust. Roques' Blick wanderte zu dem Prägedruck.

»Wunderbar, aber Vorsicht! Ich kümmere mich gleich darum! Häng es zum Trocknen auf, Philipp!« Er deutete zu der Schnur über ihren Köpfen. Braille ließ von Roques jedoch nicht ab und warf sich mit der naiven Frage dazwischen:

»Werden Sie mir helfen können, Monsieur Roques?« Louis schaute ihn hoffnungsvoll an, von einem Bein auf das andere tänzelnd. Noch immer schlug ihm der Gestank des Roque'schen Tabaksafts entgegen, wenn dieser den Mund öffnete.

»Also gut! Ich will es versuchen«, kaute Roques mit knarrenden Stimmlippen hervor. »Vielleicht kann ich einen dünnen Draht daran befestigen«, sagte Pigniers Drucker und dachte an das heiße Löteisen. »Darf ich es so lange bei mir in der Werkstatt behalten?«

»Behalten?«, wiederholte Louis enttäuscht. Er zögerte einen Augenblick lang, dann nickte er und sagte, unsicher, ob er seinen Schatz entbehren könne: »Oui, Monsieur! Wenn es nicht anders geht.«

»Einverstanden, dann soll es so sein!«, sagte Roques wiederum und klopfte Louis väterlich auf die Schulter. »Komm in einer Woche wieder vorbei, mein Junge!«

Es handelte sich um eine jener verhängnisvollen Entscheidungen des Lebens, die unumkehrbar und von großer Tragweite sind. Roques bemächtigte sich in der Folge also seines Löteisens und baute das mechanische Fundament für eine bald schon für Sehende unfassbare Geschichte.

»Die Buchdruckerkunst ist ein mit gefährlichen Waffen gefülltes Zeughaus, pflegte schon Napoleon zu sagen. Also passen Sie auf, was Sie tun, Monsieur!« Pierre-Armand Dufau ließ sich am Rand einer Kommissionssitzung zu einem zynischen Scherz hinreißen und lachte, die Mundwinkel so breit wie ein offenes Scheunentor. Isaac Roques war nicht überrascht von derartiger Aufgeblasenheit. Der Stellvertreter des INJA betrachtete den angelöteten Draht über der Barbier'schen Metallspange mit einem gewissen Hochmut.

Die Bedeutung, die der Tafel nun innewohnte, nicht ermessen könnend, bemerkte er wie beiläufig: »Ganz passabel, Monsieur Roques! Einen Versuch ist es allemal wert, finden Sie nicht?« Er reichte ihm das Lineal mit leuchtenden Augen zurück. »Lassen wir unseren jungen Freund sich an dem unnützen Ding abarbeiten. Wer weiß, wozu es gut ist.«

Roques ließ es auf sich beruhen. Er nickte ergeben und ging seines Weges. Sollte er sich überhaupt in die Sache einmischen, fragte er sich, während er seiner Arbeit in der Druckerei nachging. Und so beschnitt er das wenige Papier, das man ihm gab, falzte es, klebte es, heftete es und polierte es, wie er es auch sonst tat. Sollten sich doch andere die Finger verbrennen, aber nicht er, Isaac Roques. Solange er seinen Lohn dafür bekäme, täte er das, was man ihn hieße zu tun. Und wenn Dr. Pignier meinte, Gebete und fromme Sprüche auf Ahornblätter drucken zu wollen, so würde er die Prägedruckpresse eben mit Ahornblättern befüllen und den Stempel nach unten ziehen.

»Philipp, hol mir das Flanell aus dem Magazin!«, schallte es durch die Werkstatt.

KAPITEL 14

DAS GEHEIMNIS DER DINGE

Coupvray, 1822. Es war Juli, Monat der Beeren, der Kräuter, des Strohs. Das Land summte, die Spechte bohrten sich in die Buchen, und die Wettersteine schwiegen. Seit Tagen war es schläfrig-heiß, so heiß, dass selbst die Ziegen und Schafe, die Kuh der Brailles nur noch unter den Bäumen im Schatten lagen. Das Gras knisterte. Man hoffte, es möge regnen, doch die Wolken klebten wie weißgraue Zuckerwatte am Himmel. Sie bewegten sich nicht vor und nicht zurück. Die Sommerferien waren gekommen, und Louis saß auf der Bank unter dem alten Walnussbaum im Garten neben der Kirche. Abbé Palluy verlas Johannisbeeren und ließ sich von dem Heimkehrer ausführlich Bericht erstatten. Ein Krug Wasser stand auf dem Tisch, dazu noch zwei Becher. Er könne nun auch schon das Ave Maria spielen, erzählte der Junge stolz, und das INJA habe dafür gesorgt, dass er nicht nur Orgelunterricht bekomme, sondern auch regelmäßig das Cello spielen dürfe. Überhaupt bereite ihm das Musizieren unendlich große Freude, jetzt, wo der schlimme Sébastien Guillié nicht mehr den Dirigentenstab schwinge und Dr. Pignier sich um sie alle kümmere. Das Pariser Volk komme eifrig zu ihren Konzerten, und auch er selbst habe schon Applaus beim gemeinsamen Vorspielen bekommen. Louis sprühte vor Glückseligkeit. Aufrecht sitzend, holte er weiter aus und war nicht zu bremsen. Die Schule besitze nach Guilliés Abgang nun zwei Orgeln, acht Klaviere, Geigen, Gitarren, Oboen, Klarinetten, Fagotte, Flöten, ja und sogar einen Kontrabass. Für diesen sei er aber zu ungeschickt, gestand er enttäuscht ein. Dafür gebe es aber eine zweimanualige Orgel in der Kapelle. Er strahlte wieder und überschlug sich vor Begeisterung. Zwei Windladen habe sie, die Orgel in der Kapelle, wo sie mehrmals die Woche Gottesdienst feierten, sechzehn Register und eine Oktave im Basspedal.

»Oh, là, là, das klingt für mich nach dem Paradies!«, sagte Palluy mit kräftiger Stimme und streckte die Finger in die saftig-klebrigen Johannisbeeren. Der Abbé nickte schmunzelnd, sichtlich beeindruckt, das Gesicht hochrot von der nachmittäglichen Gluthitze. Zufrieden wippte er mit seinem bulligen Oberkörper unmerklich vor dem Jungen hin und her. Seine Gebete, Psalmen und Psalter waren erhört worden. Die Musik tat dem Jungen offensichtlich gut. Antoine Bécherets Hinwirken und auch sein eigenes Zutun, sich um die Förderung des Jungen zu bemühen, trugen also Früchte, dachte er und strich die roten Beeren von den gageligen Rispen in eine Schüssel.

»Die Älteren von uns lernen auch das Serpent zu bedienen«, fuhr Louis fort. Ein Serpent, wiederholte der Abbé. Er stutzte. Was dies sei, ein Serpent? Er habe schon einmal davon gehört, Antoine Bécheret, der Schulmeister, habe ihm davon erzählt, aber selbst gesehen habe er es bisher nicht, und Louis antwortete weise: »Es ist ein tiefes Blasinstrument, Abbé. Es eignet sich ganz hervorragend, um den Chor zu begleiten.«

»Sieht es denn auch so aus, wie es heißt?«, hakte Palluy neugierig nach.

»Oui, Abbé! Es gleicht einem langen Rohr, in das man über ein Mundstück hineinbläst. Es biegt und windet sich geradeso wie eine Schlange.«

Palluys Augen lachten. Sehr beachtlich sei dies, bemerkte der Abbé daraufhin und meinte, wer immer sich dieses Instrument ausgedacht habe und baue, er sei ein wahrer Handwerker im Dienste des Allmächtigen, nicht wahr.

Der klebrig-säuerliche Saft der Beeren strömte unter Palluys mächtigen Händen in die Schüssel. Und während die Zeit als rote, durchsichtige Perlen in den schwül-gelben Tag hineintropfte, dahinsuppte, sich die leeren Johannisbeer-Rispen zu einem stetig wachsenden Haufen Gestrüpp auf dem Tisch ausbreiteten, erzählten sich die beiden eine Neuigkeit nach der anderen.

»Jean Bertrand macht mittlerweile einen wirklich vorzüglichen Ziegenkäse, wenn er denn der wild umherstreunenden Herde einmal habhaft wird«, so der Abbé scherzhaft. Die kaputten Schindeln im Dach der alten Kirche habe man mit viel Mühe und Wagemut repariert. Er sei selbst hochgestiegen im Jahr nach Louis' Abschied nach Paris. Drei Stoßgebete habe er damals in seiner Soutane zum Himmel hochgeschickt, dabei fürchtend, er bräche mit seinem ganzen Gewicht durch die morschen Dachleisten. Ach ja, und der Marquis und seine Frau spendeten nun regelmäßig einen Betrag an die Schule, was es Antoine Bécheret erlaubt habe, neue Bücher für die Kinder zu bestellen. Die Bänke seien allerdings immer noch so hart wie früher. Der Abbé lachte heiter. »Genauso hart wie meine Kirchenbänke. Dein Vater meint, er könne sie mir mit Leder beziehen.«

Louis wiederum erzählte von Gabriel und dessen Kompositionen am Pianoforte, von Hippolyte, der Bibelverse auswendig lernte und der sich mit ihm einen Wettstreit daraus machte, an welcher Stelle des Testaments die Worte zu finden seien. Er erzählte vom Auswendiglernen, von den Geografiestunden, wie sie blind die Grenzen der Welt erkundeten, an dünnen Drähten entlang, wie sie mit ihren Rechenschnüren und Rechentafeln die Probleme der Arithmetik lösten, was ein Pleonasmus sei, eine Alliteration, wie sie das Schreiben mit Tinte und Feder beigebracht bekämen, die Prägeschrift übten und wie er nun mit dreizehn Jahren seinen Mitschülern bei den Aufgaben half.

Über die bescheidenen, ja mitunter erbärmlichen Verhältnisse in den Räumen des INJA schwieg er sich jedoch aus. Zu sehr schämte er sich der übel riechenden Latrinen und der muffigen Schlafsäle. Dafür kam er allerdings nicht umhin, dem Abbé vom Besuch eines Monsieur Barbier de la Serre zu erzählen, von dessen Schrift, den zwölf Punkten, die dieser sich für sie, die Blinden, ausgedacht habe. Palluy horchte auf, als Louis bemerkte, die Prägeschrift sei unendlich schwierig zu lesen.

»Madame Clémence ermahnt die Kinder im Unterricht. Sie sagt, wir gäben uns nicht genügend Mühe. Aber das ist nicht wahr!« Er riss die Hände hoch, die erlittene Ungerechtigkeit in seiner jungen Seele. Palluy schielte erschrocken zu dem Krug Wasser, der dem Aufbegehren des Jungen um Zentimeter entgangen war, und schob ihn ein wenig zur Seite.

»Es liegt nicht an uns, Abbé«, beklagte Louis sich jetzt. »Die Buchstaben sind viel zu klein, und wenn wir in den alten Büchern lesen, dann sind die Lettern vom vielen Darüberhinwegfühlen so sehr abgeschliffen, dass sie nahezu unleserlich sind.«

Er pausierte, nahm hastig einen Schluck Wasser aus dem Becher und eröffnete dem staunenden Palluy ein Geheimnis. Er, Louis, so gestand er dem Abbé laut flüsternd ein, wolle seine eigene Punktschrift erschaffen, und zwar eine Punktschrift, die nicht aus zwölf, sondern lediglich aus sechs erhabenen Punkten bestehe. Er sei wieder und wieder mit den Fingern über die Barbier'sche Zeichentabelle gegangen, Woche für Woche, Tage und Nächte, und glaube, dass seine Idee mit den sechs Punkten die Lösung sei. Er habe sich auch schon ein paar Buchstaben ausgedacht.

»Sechs einzelne Punkte zu ertasten ist wesentlich einfacher, als sich über Linien, Haken und Bögen zu schieben. Ich weiß nur noch nicht, wie ich die Punkte am besten miteinander verbinde und welche Bedeutung die einzelnen Zeichen bekommen sollten.«

»Welche Bedeutung hat Monsieur Barbier seinen Zeichen gegeben?«, fragte der mit seinen Fingern im roten Saft steckende Palluy nun.

»Monsieur Barbier sagt, es sei ein Laut-Alphabet.«

»Gib mir ein Beispiel, mein Sohn.« Das Interesse des ehemaligen Benediktiners war geweckt. Er wollte mehr wissen.

Louis begann also, die Barbier'sche Zeichentabelle laut aufzusagen. Er hätte es besser nicht getan. Reihe für Reihe, Kästchen für Kästchen. Dem guten Palluy wurde es bereits nach sieben oder acht Zeichen – er vermochte es selbst nicht zu sagen – schwindelig. Er schob es auf das Wetter und ließ den Jungen noch einmal anfangen. Also gut! Er rezitierte erneut mit schmaler Begeisterung und leierte sich von einem Laut zum nächsten.

»Es ist gut, mein Sohn«, unterbrach der Abbé die präzise dahinratternde Gebetsmühle in der Gestalt des dreizehnjährigen Louis Braille nach einer für ihn endlos erscheinenden Ewigkeit.

»Sehen Sie, Abbé, es ist viel zu kompliziert«, sagte Louis ein wenig deprimiert.

»Wahrhaftig!« Palluys Finger tauchten aus dem Beerenblut auf. Verschmiert, wie sie waren, griff er sich herzerfrischend ans Kinn und gab die folgende Weisheit zum Besten: Der Herr habe die Welt in wenigen Tagen geschaffen. Die Schöpfung fuße auf der natürlichen Einfachheit der Dinge, so der Geistliche. Es gelte, das Wesentliche herauszufinden, den Kern der Schöpfung auf wenigen Prinzipien aufzubauen.

»Hier, mein Sohn. Nimm diese Beerenrispe.« Er legte die Träubchenkette in Louis' Hände. »Fühle die Früchte, die uns die Natur schenkt. Sind sie nicht wunderbar? Ein jedes dieser Träubchen trägt dieselbe Idee, ein einziges Prinzip in sich. Konzentriere dich auf weniges, mein Sohn. Vertraue auf deine Hände, auf deine Geduld, und du wirst sehen, dass es dir zum Erfolg gereichen wird.«

Palluys Worte an jenem schwül-gelben Julitag verfehlten ihre Wirkung nicht. Er hatte den Jungen angefacht und ihn mit dem erquickenden Saft der Beeren auf den Pfad der Logik geschickt.

»Er hat sich etwas in den Kopf gesetzt«, sagte Monique Braille zu Marie Raymond und füllte ihr das Körbchen mit frischen Eiern. »Allein der Herrgott weiß, woher er den Eifer und den Ehrgeiz nimmt.«

Was anfänglich wie ein großes Herumtändeln aussah, ja wie eine jugendliche Blödelei anmutete, war in Wirklichkeit nichts anderes als die heillose Suche nach dem großen Plan für eine noch viel größere Verwegenheit, die Suche nach der Freiheit, und zwar gerade mal so breit wie die Fingerkuppe an seinem rechten Zeigefinger.

Louis überlegte. Gab es sie denn wirklich, die Freiheit? Noch vermochte er es nicht zu behaupten. Er zerbrach sich redlich den Kopf darüber. Die Aufgabe, die er sich selbst gestellt hatte, glich einer riesigen Nuss, wenn nicht einem ganzen Walnussbaum. »Du brauchst eine Ordnung, Louis«, hatte ihm sein Freund Gabriel Gauthier in einer der Orgelstunden geraten. »Ohne Ordnung keine Musik.«

Zweifellos hatte Gabriel recht, und so hockte Louis vor einem ausgemusterten Stück Rindsleder aus der Werkstatt seines Vaters. Vor ihm, fein säuberlich nebeneinander ausgelegt, auf winzigen Häufchen, seine Perlen und Edelsteine – getrocknete Linsen, verschrumpelte Erbsen, ein paar wenige Emmerkörner. Letztjährige, steinhart, von der Mutter zusammengefegt und zusammengeklaubt.

Die Wolken hingen noch immer wie Zuckerwatte am Himmel. Die Hornissen labten sich am austretenden Saft der Bäume, die Bienen am Boretsch, und unweit der Mühle, von wo eine Säge zu hören war, im Schatten zwischen den Buchen, stand Jean Bertrand, die Hände in den Hosentaschen, und hielt Ausschau nach den Ziegen. Monique Braille kam aus der Speisekammer, einen Käselaib in Händen, und schaute auf ihren Sohn, wie er in sich gekehrt am Küchentisch saß.

Der Junge schien zu zählen. Er wisperte, hielt inne, verstummte und begann dann wieder erneut. »Un, deux, trois …«

Er spreizte die schlanken Finger, drapierte die kleinen Feldfrüchte wie ein Goldschmied seine gelben, grünen und weißen Berylle und seufzte von Zeit zu Zeit, gerade so, als vollführte er eine anstrengende Arbeit, die ihn alles um sich herum vergessen ließ. Nach einer Weile – der Hunger hatte ihn überkommen – steckte er seinen sonderbaren Schatz in ein Leinensäckel, verschnürte ihn mit einem von ihm selbst geflochtenen Riemchen aus der Werkstatt und biss in ein Stück Lavendel-Kirschkuchen. Die Mutter hatte es ihm fürsorglich hingestellt. Es ratterte vom Hof draußen. Monique Braille zog sich das Wasser in einem Eimer aus dem Brunnen. Ach, gäbe es doch so einen Kirschkuchen in Paris, dachte er und biss erneut mit Lust davon ab. Und wie er also dasaß, die Zunge rollte und schleckte, die eine Hand noch auf dem Säckel, Monique Braille an der Brunnenkette zog, gestand er sich seinen Traum ein, seine Sehnsucht, sich der vielen Dinge der Welt ganz annehmen zu wollen, indem er seine Gedanken aufschriebe, sie festhielte, frei, ohne Angst, etwas vergessen zu müssen. Denn die Wahrscheinlichkeit, dass man etwas vergaß, war groß, wie er hinlänglich an den Erwachsenen feststellte. Ein Kirschkern landete auf dem Tisch. Seine Zunge hatte ihn am Gaumen glatt geschliffen und dann mit einem beherzten Luftstoß aus dem Mund befördert.

Freilich, das Auswendiglernen fiel ihm nicht schwer. Die griechischen und lateinischen Verben purzelten ihm beim Konjugieren förmlich in den Schoß, ebenso die Nomen und die Adjektive. Überhaupt mutete es ihn an, als wäre die Sprache durch sich selbst die Musik. Sie brauchte keine Orgel dazu, sie war die Orgel selbst, mit all ihren Ventilen, ihren Zugriegeln und ihren mächtigen Pfeifen. Ja mehr noch! Die Sprache war gleichsam die Welt und die Menschen ihre Taktgeber. Wie anders ließe sich der Rhythmus erklären, der aus all der Grammatik zu ihm sprach. Er liebte ihn, den Rhythmus, und er liebte die Wörter, von denen es so viele gab. Ganze Häuser ließen sich mit ihnen bauen, Schlösser, Kirchen, Schulen, auch Kuhställe und Verschläge für die Ziegen und Schafe.

Louis durchschritt die Schwarzschriftbücherei am INJA in Gedanken. Dort, in dem kleinen Kabinett im Erdgeschoss, lagerten die Viertel, die Triolen, die Achteltonblätter des Lebens, das Wissen der Welt. Preziosen seien es, goldene Hüte, so hatte Isaac Roques die vielen Bücher bezeichnet, als Louis seine Hand über die speckigen Ledereinbände führte. Manchmal ging er mit einem sehenden Helferschüler zwischen die Regale und zog sich irgendeines der Wörterbücher heraus, um sich die kolonnenhaften Worteinträge vorlesen zu lassen. Ihn machten sie staunen, seinen Begleiter hingegen machten sie mürbe und schläfrig. Gähnen. Ob man nicht lieber ein Märchen lesen wolle, eine Fabel, einen Aesop, so hieß es kopfschüttelnd, lamentierend.

Aber er, er wäre am liebsten selbst in die Bücher hineingestiegen, mit dem ganzen Leib, dem Kopf vornüber, mitten hinein in die Seiten, und wäre wie eine maskierte Kohlmeise von einem bedeutsamen Ast zum anderen geflogen. Er hätte die Worte mit dem Schnäbelchen aufgepickt und sie, eines nach dem anderen, verschlungen. Denn das hatte er längst begriffen, nur wer lesen und schreiben konnte, würde die Welt in Gänze verstehen lernen, und er, Louis Braille, der blinde Sattlersohn aus dem kleinen Coupvray im Département Seine-et-Marne, wollte weiß Gott verstehen. Arithmetik, Geometrie, Astronomie, Alchemie, Theologie, Rhetorik, sie alle – und natürlich die Musik, die über allem summte. Wer aber würde ihm all die Schriften, die es noch zu verstehen galt, zu Gehör bringen, wenn nicht er selbst? Die Helferschüler spielten abends Karten. Sie zu fragen wäre illusorisch. Außerdem stotterten sie sich nur allzu ungelenk durch die Seiten und verdrehten dabei noch die Sätze. Er, Louis, korrigierte die Fehler ein jedes Mal heimlich und übte sich in Geduld und Dankbarkeit, den Tugenden des Blinden.

Am liebsten hörte er Dr. Pignier zu, wenn er aus einem Buch vorlas. Ihm bereiteten auch schwierige Wörter keine Probleme, und es schien, als kannte er sie alle. Kurzum: Es bräuchte einen sicheren Weg, der ihm und allen Blinden das Wissen um die Dinge erschlösse, und zwar zu jeder Sekunde ihres Lebens.

»Es ist an dir selbst, Louis«, hatte Gabriel gesagt, während er sein Bett überzog, »diesen Wunsch Wirklichkeit werden zu lassen. Du kannst es, wenn du es willst.«

Und er, Louis, wollte. Ja, er wollte!

KAPITEL 15

VON GÄNSEFEDERN UND ERBSEN

Schnell! Er löste das Riemchen des Säckels und schüttelte seine Perlen und Edelsteine in die Hand, nahm sich sechs der verschrumpelten Erbsen und legte sie in zwei Reihen zu jeweils drei Früchten aus. Was dann folgte, war ein emsiges Hin- und Herschieben, ein Fühlen, ein Nachspüren. Buchstaben kamen ihm in den Sinn, setzten sich zu ihm an den Tisch oder sprangen dazwischen, zwischen die Finger, die Knöchel, geradewegs mitten in die Erbsen. Ein »O«, ein »X«, ein »B«, ein »H«. Gar lustig ging es ihm durch die Hände, durch die Finger, durch den Kopf. Aus sechs mach drei, aus drei mach vier, aus vier mach eins. Ein Wisch und wieder die Vier gelegt, jetzt die oberen vier der sechs Erbsen. Jaja, und siehe da, es war ihm, als verstünde er mit einem Mal das Wesen der sechs Punkte, das, was sie ausmachte, die Symmetrie, von einer zur anderen Erbse, quer, auch hoch, dazu noch quadratisch, rechteckig, diagonal, schräg von links nach rechts und von oben nach unten und wieder umgekehrt. Waren die taktilen Muster, ohne dass er es ahnte, vielleicht schon Wörter, die vor ihm lagen? Er zögerte. Manch eines der Zeichen ließe sich besser lesen als das andere, wenn er es mit der Punktschrifttafel und dem Griffel aufs Papier brächte. Er las und hielt inne. Das ist kein Lesen, was du da tust, du Dummkopf, hörte er eine innere Stimme sagen. Céline Clémence spuckte ihn an und warf sich mit ihrer in schwarzer Tinte ertränkten Gänsefeder zwischen ihn und die Erbsen. Nehmt eure Nachziehtafeln, hörte er sie noch einmal rufen, und sie alle griffen zur Feder, während Madame Clémence ihre Lippen an das Fässchen legte, von der dicken Tinte trank und schon nach der ersten Reihe mit Lettern unschön aufstieß. Das akustische Bild baute sich auf. Einsames Treppenknarzen, dann erstickte Schritte in engen Korridoren, eine Tür öffnete sich einen Spaltbreit.

»Legt euren Zeigefinger auf den Buchstaben! Fühlt ihr den großen Bogen denn nicht? Das ist ein C, gerade so wie in meinem Namen!« Céline Clémence stand wie eine Statue in dem kargen Unterrichtskabinett und wies die Nasen heute in ein weiteres kryptisches Kapitel der lateinischen Schrift ein. Die sechs Mädchen und Jungen saßen eingeschüchtert in zwei Reihen vor ihr, der groß gewachsenen Lehrerin mit den stämmigen Hüften. Streng war ihr Haar, ein resolut hochgebundener Dutt, und streng war ihr Umgang mit den Kindern. Louis und die anderen tasteten über den erhabenen Buchenholzblock. Ihre Zeigefinger folgten der Kreislinie. Die Kreislinie brach.

»Vergesst nicht, eure Handschrift ist euer Kapital!«

Was das sei, ein Kapital, traute sich eines der Mädchen zu fragen und bekam keine Antwort. Stattdessen wurde ihr ein spitzer Griffel in die Hand gedrückt.

»Nachziehen, hörst du!?«, lautete Madames Anweisung für den Rest der Stunde. Das zähe Schieben des Griffels, das Kratzen und Schaben in der Holzform begann und lähmte die Ohren, kroch von dort aus in die Seele. Es schoss ihnen in den Magen und durch die Gedärme: der ewige Dreisatz von Tinte und Feder. Das mühsame Ertasten von lateinischen Buchstaben, das endlose Nachziehen der Formen in Holztafeln, so lange, bis die Hand die Schwünge von alleine vollführen sollte. Danach, die Illusion vom feinen Schreiben mit Tinte und Feder auf dem langen, glatten Parcours der Sehenden, einem weißen Blatt Papier. Krumme Striche, Bögen wie Bäuche, Häkchen und Winkel, in die Leere gesetzt, sich an dünnen Schnüren entlanghangelnd, von links nach rechts. Die Finger blau, das Sichverlaufen in der Tinte, ohne es zu merken.

»Beeilt euch! Wir gehen in die Ballettstunde!«, frotzelte Hippolyte Coltat manchmal, wenn sie aus dem Jardin des Plantes zurückkamen und in das kleine Kabinett zum Schreibunterricht hasteten, das Teewägelchen im letzten Moment mit ihren weißen Stöcken umschiffend.

»Weißt du überhaupt, was ein Ballett ist, du blinde Haselnuss?«, piepste die kleine Jeanne-Claude frech und versetzte ihrem Vordermann einen sachten Stoß von hinten.

Die Erbsen, die Kirschen, Madame Clémence, die Lettern, sie alle mischten sich jetzt so, wie sie waren, zu einem dichten Brei. Louis schluckte und schob die beiden Hülsenfrüchte aus der untersten Reihe zur Seite. Dann legte er den Zeigefinger prüfend über das Ergebnis. Er hockte vor seinem Schreibpult und überlegte. Aus vier Erbsen ließ sich rein rechnerisch gesehen schon ein ganzer Kosmos von Buchstaben und Wörtern erschaffen, vielleicht sogar sein Name, sein eigener Name. »Louis Braille.« Er sprach ihn in die stumme Luft – einmal, zweimal, und erschrak plötzlich angesichts des durchdringenden Tons aus dem Kehlkopf.

Wenn sie doch alle ihre Namen schreiben und lesen könnten, die Mädchen und Knaben in der Rue Saint-Victor Nr. 68. Unfassbar! Die vage Vorstellung daran machte ihn glücklich. Warum also nicht? Er begänne vielleicht mit den Vokalen, dann den Konsonanten. Die Umlaute, vergiss die Umlaute nicht, sagte er sich. Sie sind nicht minder bedeutsam, und von ihnen gibt es reichlich in der französischen Sprache. Mon Dieu! Es schien, als stünde er erst am Anfang eines langen Weges und stolperte schon gleich über den nächsten Zweifel inmitten seines tollkühnen Vorhabens. Wie sollte er mit den Kleinbuchstaben umgehen, wie mit den Großbuchstaben? Und war die Frage überhaupt von Bedeutung? Er schob seine Bedenken für den Moment zur Seite. Das Zweifeln führte zu nichts und würde seinen Plan, noch ehe er Gestalt annahm, zunichte machen. Aufgeregt tastete er nach dem von Isaac Roques umgearbeiteten Lineal, tastete nach der Freiheit, als Gauthier und Hippolyte singend eintraten und ihn zum Abendessen abholten. Die beiden Freunde brachten es, mit Löffeln in ihre Graupensuppe vertieft, auf den Punkt.

»Wir müssen zur Schulleitung, Louis!«

KAPITEL 16

DER VERBÜNDETE

»Bonjour, die Herren! Wer schickt euch, wenn ich fragen darf?« Pignier ließ den Blick von einem zum anderen schweifen. »Lasst mich raten – war es Monsieur Dufau oder Madame Clémence?«

Gauthier hüstelte peinlich, Coltat kratzte sich am Kopf, und Braille biss sich verlegen auf die Unterlippe.

»Was habt ihr angestellt? Raus mit der Sprache! Habt ihr Pompeji ein zweites Mal in Asche untergehen lassen? Ist es dieses Mal vielleicht eine Geige gewesen, die ihr auseinandergebaut habt?« Er schmunzelte.

»Oh, keineswegs, Monsieur!«, erklärte Hippolyte Coltat noch etwas atemlos und verzog die Mundwinkel zu einem vorsichtigen Grinsen. Gauthier pflichtete ihm bei, während sich die drei Freunde nach Pigniers Aufforderung, Platz zu nehmen, wie die Orgelpfeifen auf dem Bänkchen vor dem Schreibtisch aufreihten – der schmächtige Gauthier mit den herabfallenden Schultern, Coltat, der gedrungene Knabe, dessen Stimme sich gut und gerne um eine Oktave überschlug, wenn er nervös war, und zu guter Letzt der hagere Louis Braille am Ende der Reihe, der Denker, wie sie ihn manchmal hießen. Alle drei, auch wenn sie blind waren, gesegnet mit einer gehörigen Portion jugendlicher Euphorie und dem unverkennbaren Drang nach dem Leben. Was sonst! Schließlich befand man sich in den besten Flegeljahren und war sich für keine Träumerei zu schade.

Alexandre-René Pignier, dem man zu Recht ein großes Faible für eine geistreiche Sonntagspredigt nachsagte und der sich an den Schriften eines Thomas von Aquin bildete, hatte die drei jungen Herren schon bald nach seiner Ankunft im Institut ins Herz geschlossen. Ihm imponierten ihre Art, ihr Wissensdurst, ihre Kameradschaft und vor allem ihre Hilfsbereitschaft gegenüber anderen Schülern. Sie teilten die Leidenschaft für die Musik, für das Schachspiel und die Ehrfurcht vor dem Herrn. Pignier ließ die »Drei Weisen aus dem Morgenland«, wie er sie nach einem erquicklichen Krippenspiel zu Christi Geburt fortan nannte, gewähren. Er legte seinen in rotes Leder gebundenen Thomas von Aquin zur Seite und war gespannt, was man ihm so Wichtiges zu erzählen hatte.

»Wir haben nichts verbrochen, Monsieur Pignier«, begann Gabriel Gauthier verschmitzt.

»Wir haben großartige Neuigkeiten für Sie, Monsieur«, platzte es jetzt kometenhaft aus Hippolyte heraus, der sich nicht mehr beherrschen konnte und das Geheimnis preisgab. Pignier lauschte gebannt.

»Louis arbeitet an einer Blindenschrift!« Stolz zeigte Hippolyte auf den Denker, dem seine Utensilien nun fast vom Schoß auf den Boden gerutscht wären.

»Soso!«, sagte Pignier daraufhin und fixierte dabei das Lineal, die Barbier'sche Rillentafel, welche Louis mit einem Bogen Papier und einem Griffel umständlich auffing.

»Ehrenwort!« Hippolyte hob die flache Hand zum Schwur, in der Manier, wie es vermutlich einmal ein Abbé Haüy in diesen Räumen vor den Revolutionsgarden getan hatte. Das Porträt des gefolterten Priesters und Kristallografen, des älteren Bruders von Valentin Haüy, hing an Pigniers Kabinettwand, verdeckt von einem schweren Vorhang. Jener wurde am Geburtstag und am Todestag des Geistlichen feierlich zur Seite geschoben. Zwei große Kerzen rahmten den Platz ein. Es war Pignier, der dieses Fenster zur Vergangenheit entgegen allem Unmut von Pierre-Armand Dufau, seinem Stellvertreter, hatte errichten lassen. Pignier verehrte den verstorbenen katholischen Priester, dessen mineralogisches Erbe, ein Haufen bunter Steine, vor den unwissenden Pranken der Französischen Revolution gerettet werden konnte. Der gottesfürchtige Pignier glaubte an die Schöpfung, an die Wiederauferstehung, aber auch an den Umstand, dass sich zwischen Himmel und Erde unerklärliche Dinge befänden, gleich so, wie René-Just Haüy sie mit einer Kraft beschrieben hatte, die den bunten Steinen innewohnte. Alles lebte, so war sich Alexandre-René Pignier sicher, auch die vermeintlich unbelebte Natur, war sie doch das Abbild göttlicher Schöpfung. Das Leben wäre ihm ansonsten sinnlos vorgekommen, und das konnte nicht sein.

Kein Wunder also, dass Valentin Haüys gelehrter Bruder eine symmetrische Gesetzmäßigkeit in seinen Kristallen entdeckt hatte. Die Tatsache, dass sich Louis nun wiederum der symmetrischen Gesetzmäßigkeit von taktilen Punkten zur Schöpfung eines universellen Schriftsystems für seine blinden Kameraden widmete, erfüllte den ehemaligen Militärarzt mit Demut und Freude zugleich. Zu welchen Leistungen diese blinden Kinder Gottes doch fähig sind, wenn sie denn in richtiger Weise gefördert werden, sagte er sich, als er am Nachmittag desselben Tages am Ufer der Seine entlangging, mit der Spitze seines Spazierstockes etliche Steinbrocken umdrehte und verschiedener Kreaturen ansichtig wurde: Regenwürmer, Schnecken und Flusskrebse.

»Also einverstanden«, sagte Dr. Pignier, nachdem er sich die amüsante Geschichte mit den verschrumpelten grünen Erbsen aus Monique Brailles Garten angehört hatte. »Unser Louis soll die Bögen Papier bekommen, die er für seine Studien benötigt. Das verspreche ich euch hiermit. Ich werde Monsieur Roques darum bitten, das vorhandene Papier in der benötigten Größe zu schneiden.«

Coltat und Gauthier waren damals wie von der Tarantel gestochen in Pigniers weihrauchgeschwängertes Kabinett gestürmt, ihren Freund Louis vor sich herschiebend. Jener, von so viel Aufhebens blassblau geworden, genierte sich für den plötzlichen Überfall. Man traf sich in unregelmäßigen Abständen, monatelang, zunächst hoffend, überschwänglich, dann wieder bangend und unsicher, als sich die ersten Rückschläge einstellten, Vokale, Konsonanten und Umlaute wie ein Stück trockenes Brot auf dem nackten Papier zerbröselten. Dann stieg man auf, zog sich an sich selbst hoch, schöpfte aus den sechs Punkten wieder frischen Mut, diesen sechs erhabenen Punkten. Er, Louis Braille, der Denker, der blinde Schriftgelehrte, und Alexandre-René Pignier, der Sehende, der mit den Augen der Blinden zu erkennen begann, mit Fingerkuppen zu lesen suchte, sich hineindachte in jenen blinden Gutenberg und an dessen Lippen hing wie ein Säugling an der Brust seiner Amme. Louis sprach es aus, betete sie herunter, die Formeln, die Tabellen, diktierte das arithmetisch durchdachte Punktschriftsystem, Zeichen für Zeichen, und der Sekretär, der beflissene, gottesfürchtige Alexandre-René Pignier, der Schulleiter des Instituts in der Pariser Rue Saint-Victor Nr. 68, schrieb es auf, buchstabierte es, chiffrierte es: das Einmaleins des Braille'schen Alphabets, das Arpeggio aller Freiheit, die Symmetrie aller Universalität, Louis Brailles Glaubensbekenntnis – ICH LESE, ICH SCHREIBE, ALSO BIN ICH.

»Wir werden ihn irgendwann für die ganze Welt veröffentlichen müssen, diesen Geniestreich, Louis!«, sagte der Sekretär Pignier eines Tages, und Louis nickte stumm, erschöpft von der großen Denkarbeit, und er dachte viel in jenen Tagen, auch an das Misstrauen, das ihm mittlerweile aus Teilen der Lehrerschaft entgegengebracht wurde, allen voran Dufau, der ein um das andere Mal bei Pignier vorstellig wurde und sich über die kostspieligen Hirngespinste eines Louis Braille bitterlich beklagte. Was denn aus den vollen Regalen mit Prägedruckbüchern werden solle, die man für viel Geld habe drucken lassen und die jetzt im Magazin stünden? Und wer sich um die Umschulung der Lehrer kümmere, ganz davon abgesehen, dass sie Brailles Schrift niemals lesen könnten.

Der Fortschritt mache an den Türen des INJA nicht halt, wiegelte Pignier ab. Die Welt sei ein großes Rad, das sich drehe. Es gelte, die alten Speichen von Zeit zu Zeit zu erneuern. Dufau glaubte nicht, was er da hörte. Pignier sprach von Veränderung? Er, der Monarchist, der mit seinem katholischen Glauben jeglichen Fortschritt zurückhielt, ja sogar den Englischunterricht für die Kinder am INJA blockierte, die Auffassung vertretend, dass jene mit einer humanistischen Bildung in Latein und Altgriechisch durch das Leben wandern sollten? Hic, haec, hoc – die Vorstellung machte ihn rasend. Pierre-Armand Dufau kochte innerlich. Er holte aus, hielt stürmisch dagegen. Wer die vielen Rillentafeln denn bezahlen solle, die die Schulleitung in Auftrag gegeben habe? Dufau klappte eine Akte auf und reichte Pignier die Rechnung des Handwerkers. Pignier aber las und gedachte der peinlichen Versuche der Kinder beim Lesen der Reliefschriften. Entwürdigend kam es ihm vor, dieses Dahinstottern mit flatternden Lippen, das unsägliche Lesen ohne Verstehen. Dufau, der sich die Verbesserung des Prägedrucks zum Ziel gesetzt hatte, würde mit seinen bisherigen Ergebnissen nichts an dem misslichen Umstand ändern. Pignier senkte den Blick auf die Rechnungssumme und fragte sich, was daran falsch sei, blinden Kindern ihrem Wunsch zu entsprechen, selbstständig etwas aufschreiben zu wollen, zumal sie das Aufgeschriebene dann auch selbstständig überprüfen konnten.

Dufaus Worte regneten auf ihn hernieder. Die Ideen des jungen Braille seien ein Rohrkrepierer, das teure Papier nicht wert.

»Wie, bitte schön, soll eine Braille'sche Schrift denn jemals für den Unterricht in großer Zahl hergestellt werden?«, fragte Pierre-Armand Dufau aufgebracht nach und klopfte sich gegen die breite Stirn. Es bedürfe einer speziellen Druckerpresse dafür, und die habe man schließlich nicht, herrschte der ehrgeizige Stellvertreter den älteren Pignier an, der sich bereits mit dem Gedanken trug, die Sechs-Punkte-Schrift als Wahlfach in einer Mittelstufenklasse einzurichten.

»So Gott es denn will, es wird sich finden«, entgegnete Pignier seufzend. Er hörte sich das Räsonieren mit eiserner Frömmigkeit an und ließ Dufau daran abtropfen. Er wusste so gut wie sein Stellvertreter, dass die Finanzierung einer Druckerpresse nicht möglich war, jedenfalls nicht zum jetzigen Zeitpunkt. Der Schule mangelte es zum einen an den nötigen Mitteln, zum anderen stellte sich die Frage, wer diese neuartige Presse denn erschüfe. Louis selbst? Wohl kaum! Auch wenn der Junge ein Genie war, diese Schrift erfunden hatte und die Kinder darin würde unterrichten können, so fehlte es ihm, bei allem Respekt, an den handwerklichen Fähigkeiten, die Presse zu konstruieren. Selbst Isaac Roques, dem er einiges an mechanischem Geschick zutraute, hatte die Schultern gezuckt und ratlos in seinen Kautabak gebissen.

Louis kramte indes in den Schubladen seines akustischen Gedächtnisses und hörte die flachbrüstige Stimme des Charles Barbier de la Serre in einem stillen Gebet in der Kapelle. War dieser Mensch etwa die Lösung? Wüsste er, wie eine Blindenschriftpresse auszusehen hatte?

Wie auch immer! Was die Schulleitung betraf, also Alexandre-René Pignier, so holte sich jener in der Zwischenzeit das Einverständnis der Schulbehörde ein. Er formulierte kurzerhand einen zweiseitigen Antrag und ließ ihn, mit einem Fingerhut voll Hoffnung versehen, vom Pförtner zur Post bringen. Überraschenderweise war man im Ministerium der Idee nicht abgeneigt. Und so hielt das Alphabet des Louis Braille Einzug in eine »Versuchsklasse«.

KAPITEL 17

DIE STILLE REBELLION

Wenige Wochen später: Die Webstühle standen still, die Prägedruckpresse schwieg, und die Lesefibeln lagen noch so aufgeschlagen wie am Nachmittag, als sich die Damen und Herren der Philanthropischen Gesellschaft durch die engen Lehrsäle plauderten und Dufaus neuen Prototypen einer Tinte für den Haüy-Noire betrachteten. Brailles Sechs-Punkte-Spielerei war hingegen in einer tiefen Schublade verschwunden. »Und dass mir keiner etwas von diesem Dummejungenstreich vor den Gästen erzählt!«, lautete die unmissverständliche Parole des Stellvertreters für das alljährliche Schulfest im September.

Pignier hatte dem nichts entgegenzusetzen. Während man im INJA von der Rotkohl-Birnen-Quiche der Mamsell, ihrer Tarte Violette, kostete und sich an dem Motetten-Gesang in der Kapelle erfreute, lag er im Bett und schlürfte einen Spitzwegerich-Tee nach dem anderen, gefesselt von einer unliebsamen Bronchitis. Dufau hatte die Gunst der Stunde erkannt und für sich zu nutzen gewusst.

Ruhe war in die dicken Sandsteinmauern eingekehrt. Es war kurz nach Mitternacht. Der letzte Glockenschlag der nahen Turmuhr war verklungen, die Kerzen verloschen. Alles schlief, schlief, bis auf ein paar der Mädchen in dem kleinen Dormitorium mit der Nummer 17 auf dem Türblatt. Dort, am Ende des Ganges im fünften Stock, dort oben unter dem Dachstuhl, wo der Himmel ganz nah war, regten sich ihre Stimmen.

»Aber warum geht ihr denn nicht zu Dr. Pignier und bittet ihn darum, den Kurs wechseln zu dürfen? Wir sind erst vier. Mit Louis Braille fünf«, flüsterte es von einer Bettstatt zur anderen, die Decke hochgeschlagen, aufrecht sitzend. Manon Bouché ereiferte sich darin, ihren Bettnachbarinnen von der Schrift vorzuschwärmen, die nur sie, die Blinden, lesen könnten. Was für ein Abenteuer dies doch sei! Manons lange Haare standen wild zerzaust nach allen Seiten ab. Sie hielt ihre Schlafmütze im Schoß, schnalzte verächtlich mit der Zunge und plapperte es in die aberdunkle Welt hinaus. Man stelle sich das nur vor, sagte sie aufgeregt. Den Sehenden ginge es einmal so wie ihnen allen. Gerecht wäre es, jawohl, einfach nur gerecht!

Eine unbändige Schadenfreude erfüllte die Vierzehnjährige, die wie die anderen Zöglinge den Reliefdruck mit seinen Verzierungen verfluchte. Wie oft wurde ihnen allen das Lesen zur Qual, zur Tortur, so sinnlos und so leer. Die Lehrer hatten gut reden. Ihnen gefielen diese dummen Linien, Haken und Bögen auf dem groben Papier. Aber ließen sie sich jemals selbst dazu herab, diese traurige Schrift mit ihren Fingern zu ergründen? Nein, ganz und gar nicht! Zwar redete Monsieur Dufau wohlfeil davon, aber Manon glaubte es ihm nicht. Die Vorstellung dagegen, Céline Clémence könnte hilflos vor ihr stehen, ließ sie aufjauchzen und glucksen. Was liest du da, würde Madame fragen, und sie, Manon Bouché, das Mädchen, das sein Augenlicht mit acht Jahren bei einem Pariser Hausbrand verloren hatte, könnte ihr erzählen, was sie wollte. Eifersüchtig ergriffe Madame Clémence ihre Hand und schöbe sie von der Punktschrift, die sich Louis Braille ausgedacht hätte, ein Gesichtloser, ein blinder Schüler, der die Sehenden ihr Unvermögen lehrte. Hinweg mit all der schwarzen Tinte, der schwarzen Gnade! Hinweg mit all den Federkielen! Endlich hatte dieses stumpfsinnige Leben einen Sinn, eine Bedeutung. Und endlich ließ sich diese endlose Langeweile in den Abgrund stürzen. Mit ihm, mit Louis, ja mit seiner Schrift ließe sich die Bastion der Sehenden, ihre Vorherrschaft über die Blinden, erstürmen. Die alten Zöpfe von Madame Clémence und Madame Noublier flögen über die Fenstersimse hinweg wie dereinst die Leiber von widerspenstigen Priestern in diesen Mauern. Ein großartiger Gedanke war das! Jawohl! Die Augen würden Madame Clémence vor Ohnmacht übergehen, ja platzen, vielleicht sogar vor Zorn und Verachtung, dessen war sich das rotblonde Mädchen sicher. Und sie gönnte Madame ihren Zorn, und auch Dufau, dem Schwätzer, der die Revolution predigte. Pardon, aber wohin hatte sich die Liberté denn geflüchtet? Vielleicht in den Jardin des Plantes, wenn sie ihre Leibesübungen unter freiem Himmel exerzieren durften? Die Leute ihre Hälse peinlich nach ihnen streckten, sie begafften. Er sollte seine Revolution bekommen, still und leise, und zwar auf dem Papier, Zeile für Zeile.

»Lass uns schlafen, Manon«, knurrte es unter einer Decke hervor in die stickige Enge.

»Du bist verrückt! Außerdem, was brächte es?«, kam es aus Marie Laurents Ecke. Ein müdes Gähnen war zu hören.

»Was es uns brächte?« Manon wiederholte die Frage verständnislos. Sie konnte nicht glauben, was sie da hörte. »Ja, seid ihr denn gescheit?«, keimte es erregt aus ihr heraus. Sie riss die Augen auf, schüttelte sich. »Wollt ihr euch denn ein Leben lang mit der schäbigen Schrift der Sehenden begnügen und Pantoffeln filzen? Wacht auf und legt eure Zeigefinger auf Louis Brailles sechs Punkte, und ihr werdet selbst fühlen, wovon ich spreche. Wir werden unser Heft von nun an selbst in die Hand nehmen. Hier, seht her, ihr dummen Ziegen!« Marie Laurent fuhr wie ein Blitz vom Bett auf, so auch Felice Olivier, gefolgt von Joustine Fauré, die sich die verklebten Augenlider hektisch rieb. Es begann zu rascheln. Manon hatte sich ihrer Bettdecke entledigt und war aufgesprungen. Sie tastete nach ihrem Nachtschrank und holte ihren geheimen Schatz heraus: einen unscheinbaren Bogen Papier, darauf Louis Brailles Sechs-Punkte-Alphabet. Eigenhändig geschrieben, mit einer simplen, schmalen Holztafel und einem gewöhnlichen Griffel, den Insignien der Verschwörung, dem Rüstzeug für das Erwachen des Geistes in jener Nacht.

Manons Weckruf huschte fortan durch die finsteren Chambres der Anstalt. Treppauf, treppab. Bis in die hintersten Ecken und Winkel schallte es schrill, ja in jedes noch so kleine Mauseloch. Oh, wie gerne hätte das Mädchen die offen stehenden Münder der Kinder sehen wollen, ihre Gesichter, die Hoffnung, nicht mehr mit verbundenen Augen vorgeführt zu werden, den pomadegeschwängerten Voyeuren auf Geheiß von Dufau aus ihren Prägeschriftbüchern etwas zum Besten gebend. In Wirklichkeit war das alles doch nur auswendig gelernt und einstudiert, ein seelenloser Mummenschanz, um der feinen Gesellschaft die funkelnden Louisdors aus der Tasche zu ziehen.

KAPITEL 18

DIE RÉGLETTE

Paris, im Mai des Jahres 1823. Es war an einem Donnerstag, um genau zu sein, als Louis beschloss, Charles Barbier de la Serre aufzusuchen, ihm seine Schrift zu zeigen und ihn um die Erfindung einer Druckpresse zu bitten. Er wohne in der Rue Chanoinesse, etwa zwanzig Gehminuten vom Institut entfernt, wenn die unzähligen Menschen sich nicht in den Straßen stauten. So hatte Dr. Pignier gesagt und ihm einen sehenden Schüler zur Seite gestellt, der sich mit ihm jetzt auf den Weg machte. Kaum waren die beiden angekommen, da äußerte Louis den mutigen Wunsch, alleine in das betreffende Haus eintreten zu wollen. Er habe seinen langen weißen Stock bei sich. Der beschütze ihn, sagte er und zog an der Klingelschnur.

»Ich hole dich in einer halben Stunde wieder ab.« Philipps Stimme verlor sich hinter dem beladenen Karren eines Totengräbers. Blasse Gesichter folgten jenem, Hufe scharrten über die graubraunen Wegsteine am Haus entlang. Das Glöckchen ertönte, und siehe da – ein dürres, in schwarze Lumpen gekleidetes, zahnloses Weiblein öffnete die Tür gegen das grelle Licht.

»Was willst du, mein Junge?«

Louis schob den Kopf nach vorne. Ob ein gewisser Monsieur Barbier de la Serre in jenem formidablen Haus wohne, fragte er die ungläubig Dreinschauende.

»Gewiss!«, gab sie mit brüchiger Stimme zur Antwort. Oben im zweiten Stock hause der sonderbare Mensch, von dem man nichts höre und nichts sehe. Was an diesem Haus aber so formidabel sein solle, wisse sie nicht. »Komm herein!«

Die Alte machte ihm Platz, einen Schritt zur Seite tretend, und krächzte ein ödes »Voilà« in den Hausflur. Louis machte indes einen vorsichtigen Schritt nach vorne. Den Langstock schräg vor sich, inspizierte er das fremde Terrain. Die hölzerne Spitze schlug auf. Tack-tack, Tack-tack. Der Flur schien nur wenige Fuß breit zu sein, wie er überrascht feststellte, als er die Wand mit dem Ellenbogen touchierte und deren Kälte bis zu seiner Schläfe hinaufstieß. Die Alte schloss die Tür hinter sich und erklärte zittrig, dabei leicht sabbernd: »Ah, du bist also blind, Söhnchen!«

Die schiere Erkenntnis überwältigte die Alte, so meinte Louis bemerkt zu haben. Er entschied sich, nicht darauf einzugehen.

»Sag es doch gleich!«, setzte die Alte nach und quetschte sich neben ihn. Sie fasste nach dem weißen Stock, hob jenen bis zur Höhe seines Brustkorbs an und deutete damit nach vorne ans andere Ende in die Finsternis. »Geradeaus, Söhnchen! Es geht immer geradeaus!« Er stutzte, sie verstummte kurz, dann: »Oder hast du Angst, Söhnchen?« Ihr spitzes Kinn wackelte unkontrolliert.

»Nein, Madame! Keineswegs!« Er versuchte, den Langstock zu bewegen, konnte es aber nicht, da er noch immer in der knochigen Hand seines Gegenübers lag.

»Worauf wartest du dann? Das Leben ist so kurz wie eine Steckrübe.« Spinnenhaft wickelte sich die Stimme der Alten um sein Ohr. Also gut, dachte er sich, drückte den Stock forsch nach unten und machte einen jener fantasievollen Schritte in die Ungewissheit, in die blinde Leere, die keine war, wie sich sogleich ernüchternd zeigte. Er ließ die Holzspitze über den kahlen Lehmboden schleifen.

»Pass auf, Söhnchen, da steht das Aschenfass!« Die Alte ließ nicht ab von ihm. Sie hatte ihr Opfer für den Tag gefunden und übergoss es mit all den Worten, die sie in ihrer einsamen Bevorratung hielt.

»Monsieur Barbier, sind Sie zu Hause?«, rief er, noch während er die knarrenden Stufen durch den Kohlgestank hinaufstieg, vorbei an staubigen Bouteilles, an Kisten und Schachteln. War da ein Husten, ein Räuspern, ein Seufzen? Hoffnungsvoll lauschte er nach oben. Aber da war niemand zu hören.

»Gib dir keine Mühe, Söhnchen!« Es schnaufte und keuchte unter ihm. Die Alte war ihm naseweis nachgestiegen, auch wenn es ihr ganz klapprig zumute war und sie nicht wusste, wie sie später wieder nach unten in das Erdgeschoss kommen würde. »Ich habe ihm letzte Woche eine Depesche vor die Tür gelegt«, beklagte sie sich in seinem Rücken. Louis ließ sich nicht beirren.

»Monsieur Barbier, hören Sie!« Er war oben angelangt, glitt jetzt mit der Stockspitze über besagtes Schreiben auf dem Fußboden und klopfte energisch gegen die Zimmertür. »Ich bin es, Monsieur Barbier. Louis Braille. Erinnern Sie sich an mich, Monsieur? Der Schüler aus dem Institut National in der Rue Saint-Victor. Ich habe Ihnen vorgelesen und Sie haben mir gütigerweise das kleine Lineal gegeben, die Réglette. Erinnern Sie sich, Monsieur?« Er legte das Ohr gegen das Türblatt und wartete. Dann, während die Alte leise schimpfend den Rückweg nach unten antrat, hörte er ein ungeschicktes Schlurfen, ein lautes Rumpeln, dann einen erbärmlichen Aufschrei. Er zog das Ohr zurück und richtete sich auf, erschrocken, was ihn erwarten würde. Pantoffeln näherten sich auf der anderen Seite, gefolgt von einem wilden Rütteln. Eisen auf Eisen. Eine unsichtbare Hand. Der Türriegel schaukelte im Schloss. Die Tür wackelte in den Scharnieren. Plötzlich ein Luftzug, und die leibhaftige Aura eines Menschen tat sich vor ihm auf.

Charles Barbier de la Serre, der Mann mit dem traurigen Augenaufschlag, hielt sich seufzend die hohe Stirn. Ein jäher Anfall von Agonie hatte ihn ereilt, nachdem er über einem Stiefel ins Straucheln gekommen war und sich den Schädel an dem im Zwielicht gelegenen Dachbalken gestoßen hatte.

»Wer schickt dich?«, fragte er leidlich derangiert, noch immer die flache Hand gegen die Stirnplatte gepresst.

»Niemand, Monsieur.«

»Sei aufrichtig, mein Junge!« Barbier fokussierte Louis mit glasigen Augen.

»Es ist die Wahrheit, Monsieur!«, erwiderte Louis höflich.

»Du meinst, du kommst aus freien Stücken? Hierher, in dieses Loch der Tristesse?«

Louis nickte. »Ich habe Ihnen etwas mitgebracht, Monsieur! Sehen Sie nur!«

Die Szene mutete grotesk an. Sie standen sich gegenüber, unter dem niedrigen Türstock. Simplizität und Komplexität, ohne Aussicht auf Versöhnung. Er, Louis Braille, der Tempelstürmer, die von Isaac Roques umgearbeitete Schreibtafel und ein Stück Papier in Händen; er, Charles Barbier de la Serre, der Artillerieoffizier, von bleicher Agonie und Befremden gezeichnet. Louis, der Quell heller Begeisterung, die goldblond gelockte Zuversicht, der feste Glaube; Barbier, der trüb-morastige Sumpf von Seele, selbstvergessen, ohne Aussicht darauf, seinem Leben Größe verleihen zu können. Die Sechs-Punkte-Schrift, wie sie ihm von Louis vor die Nase gehalten wurde, sprang ihn an, ja sie plärrte ihn förmlich an. Hier sieh her, du dummer Wicht, du Dummkopf. In seiner seelischen Gemengelage war er der Begeisterung des Vierzehnjährigen so gar nicht gewachsen. De la Serre starrte mit Stecknadelpupillen auf die Réglette, also genau auf das Ding, das er, Charles Barbier, ihm aus Mitleid geschenkt hatte, dem blinden Louis Braille, der anscheinend nichts Besseres zu tun gewusst hatte, als sich die Metallspange auf dem Lineal für seine Zwecke herrichten zu lassen. Barbier hielt sich die brennende Stirn, zornesrot, schwermütig, verzweifelt. Sein Beleidigtsein war sein einziger Triumph, den er dem grenzenlosen Enthusiasmus des Jungen entgegenzusetzen hatte. Ein trauriger Triumph, nichts anderes. De la Serre erinnerte sich an den schmachvollen Auftritt in der Rue Saint-Victor vor der Kommission, vor Étienne Perigot und den anderen Experten, diesen Ignoranten. Und wenn er sich Mühe gab, so kam ihm bisweilen sogar die Erinnerung an seine Militärzeit hoch, an die Nachtschrift, die »Écriture Nocturne«, die er anfänglich erdacht hatte. Eine Geheimschrift von signifikanter militärischer Bedeutung hätte sie werden können, unlesbar für den Feind. Aber nein! Die Generalität hatte sein Genie verkannt, hatte ihn mitsamt seiner Écriture zurückgewiesen.

Und jetzt, da kam also dieser vierzehnjährige Louis Braille vor seine Türschwelle und zeigte ihm voller Stolz dieses blöde Ding von einer Réglette. Die Bilder seiner Erinnerungen schwammen daher wie auf einer Brennsuppe und vermischten sich mit Brailles heißem Hirnschmalz. Seine Zwölf-Punkte-Schrift verdampfte im Sud seiner missliebigen Reminiszenzen und Gefühle. Ja, es führten viele Wege nach Rom, so gestand er sich selbst ein und schaute auf die Punkte, die Louis in das Blatt Papier gestanzt hatte. Aber warum musste es gerade der Junge aus dem Institut sein, der den vielleicht vermeintlich richtigen Weg genommen hatte, warum nicht er selbst? Er, Charles Barbier de la Serre, der sich zeitlebens den Hintern für das Fortkommen der Menschheit aufriss. Blutig war er ihm geworden, der Hintern, vom vielen Sitzen und Denken und Seufzen, flach gesessen bis auf die blanke Knochenhaut, abgemergelt wie das alte Weib im Erdgeschoss, Madame Rousseau, die ihn mit ihrem fortwährenden Lamentieren und Geseier lähmte und zum Wahnsinn trieb, sodass er keinen klaren Gedanken für seine Erfindungen fassen konnte.

Und jetzt also auch noch der Junge! Es war zu viel! Was sollte er ihm antworten, was sollte er ihm sagen? Vielleicht Dankeschön?

»Ja, danke schön, mein Junge!« Er tat es, hörte es sich sagen, ungelenk, jetzt in diesem Augenblick, in diesem jämmerlichen Moment. Womöglich sollte er ihm noch seine Ehrerbietung zuteilwerden lassen, seine Verehrung, seine Bewunderung, ihm, dem so viel jüngeren, vom Glück überschütteten Burschen. Soso, ein Würfelspiel sei es gewesen, das ihm die Erkenntnis verschafft habe. Wie demütigend! Und jetzt wagte er es auch noch, nach einer Druckmaschine für seine Schrift zu fragen. Warum nur tat ihm der Allmächtige das an, fragte sich de la Serre mit inbrünstiger Verbitterung. Warum ließ er es zu, dass ihm seine Idee von einem naiven blinden Jungen gestohlen wurde, der bei alledem auch noch die Dreistigkeit besaß, zu glauben, dass mit sechs einfachen erhabenen Punkten ein derart kompliziertes System wie die Sprache, die Langue, zu beherrschen sei?

Barbier fühlte den unermesslichen Schmerz, den die Réglette in ihm auslöste. Rau war er, der Schmerz, kratzig, spitz und scharf wie die Krallen eines jähzornigen Katers im blutigen Fleisch. Und das Fleisch war er, Charles Barbier de la Serre, den fortan eine einzige Frage nicht mehr schlafen ließ: Wer war dieser Louis Braille bloß, der sich aufmachte, der Welt seinen respektlosen Fingerabdruck aufzuzwingen?

Dieselbe Frage zerrte nicht nur an seiner Seele, sondern auch an der von Pierre-Armand Dufau.

KAPITEL 19

DUFAUS SPION

Er hielt den breiten Papierstreifen verächtlich vor seiner Brust. Ein hässlicher Stern leuchtete in seinen Pupillen. Pierre-Armand Dufau, der stellvertretende Schulleiter des INJA, der nach Sébastien Guilliés plötzlichem Verschwinden als junger Mann auf dessen Leitungsposten geschielt und diesen nicht bekommen hatte, blickte tief verärgert auf das Beweisstück: einen weißen Bogen Papier, so wie sie ihn für gewöhnlich in der Druckerei verwendeten. Émile Marso hatte das verfluchte Ding, treu wie ein Hund, vom Fußboden aufgeklaubt, seinem Herrn apportiert und wartete jetzt, devot hechelnd, auf seinen Knochen.

»Wo hast du das her?« Dufau presste, innerlich angespannt, die Vorderzähne aufeinander.

»Oben im Knabentrakt, Monsieur. Es lag dort im Flur.« Émile verzog die Mundwinkel linkisch. Er grinste schadenfroh, ohne ermessen zu können, was sein zufälliger Fund bei seinem Gegenüber auslöste und an Konsequenzen nach sich zöge. Der fünfzehnjährige Bursche, der als sehender Schüler im Internat aufgenommen worden war, gehörte zu den Helferschülern, also zu denjenigen, die den blinden Kindern im Unterricht zur Hand gingen, indem sie für sie schrieben. Sein Gesicht hatte er an die Pocken verloren. Einst in Lumpen gekleidet, vom Karren der Armut gefallen und von barmherzigen Schwestern aufgelesen, trug er jetzt eine adrette Schuluniform, die schwarze Hose, einen schwarzen Frack, der ihm zu groß war, ein weißes Hemd, Stehkragen und Schnallenschuhe aus dunklem Leder.

»Hat dich jemand gesehen?« Dufau korrigierte sich schnell, setzte argwöhnisch nach: »Oder gehört, was du tust?«

Man konnte ja nicht wissen – schließlich hätte auch ein blinder Schüler von der Sache Wind bekommen können. Den Nasen, wie er sie manchmal nannte, blieb nichts verborgen. Außerdem gehörte Émile wahrhaftig nicht zur Riege der Schlausten. Hinter den sandsteinernen Mauern eines gewöhnlichen Pariser Lyzeums hätte der gedrungene Wicht mit seinen Leistungen kein Auskommen finden können. Der Junge schob seinen Hals nach vorn und starrte gebannt auf den marmornen Skarabäus, der neben einem Siegelring, Tinte und Feder auf Dufaus Schreibpult thronte.

»Nein, Monsieur! Ich war allein«, krächzte es mit belegter Stimme, fast beleidigt, aus seinem Mund.

Dufaus Blick klebte an dem schweren Papier, das von erhabenen Punkten übersät war. Er drehte es hin, er drehte es her. Er legte es hochkant, er legte es quer und suchte verständnislos nach der Bedeutung all jener Zeichen, die sich ihm da zeigten. Und je länger er darauf starrte, auf dieses chaotische Piktogramm, desto verschwommener flimmerte das erbärmliche Muster vor seinen stahlblauen Augen. Die schwarze Galle stieg in ihm auf. Die changierenden Punkte machten ihn blöde.

Teufelswerk, dachte Dufau, wie er so mit den Fingern über das verwirrende Zeichenmuster fühlte. Das kostbare Papier – geschändet! Als ob die Schule das wertvolle Lehrmaterial zum Aus-dem-Fenster-Hinauswerfen besäße. Welch eine Frevelei. Und das nun schon seit Monaten. Von wegen »Versuchsklasse«! Mittlerweile schrieb sich Hinz und Kunz auf diese Weise. Geheime Botschaften waren es, heimlich zwischen die

Seiten der Bücher gesteckt. Dufau stieß einen dunklen Seufzer aus. Eine Schrift sollte das sein!? Pah! Ein hämischer Ruf gellte durch seine Brust. Ein pusteliges Etwas war es und sonst gar nichts, was er da unter den nackten Kuppen seiner Finger spürte, spitze Sporen, die sich ihm ins dünne Fleisch bohrten und an seiner grenzenlosen Eitelkeit kratzten. Noch im selben Moment entlarvte er dieses Pamphlet. Brailles Schrift war keine Blindenschrift. Nein! Ganz und gar nicht! Im Gegenteil! Es war die Ausgeburt der Hölle, in Gänze unleserlich, eine das Alphabet verhöhnende Blatternschrift, fußend auf dem Irrwitz eines von Dr. Pignier protegierten Emporkömmlings, der sich ganz offen und ungeniert daran machte, die Schule und ihre Grundsätze zu unterwandern. Dem Treiben musste ein für alle Mal der Garaus bereitet werden, so viel stand fest. Es bedurfte nur noch der richtigen Methode. Ein verknarztes Lachen entfuhr seiner Kehle, knallte gegen die kalte Wand. Émile fuhr zusammen, riss den Mund erschrocken auf. Verunsichert fasste er sich an sein rechtes Ohr und bedeckte es mit der Innenseite seiner Hand, um sich vor dem räsonierenden Dufau abzuschirmen.

»Weißt du, was darin geschrieben steht?« Dufau ließ das verschmähte Notat auf die Tischplatte sinken und erhob sich von seinem barocken Stellvertreterstuhl. Er kochte, war wütend und verschränkte die Arme wie Napoleon Bonaparte vor dem Angriff auf die russische Armee. Die kantige Geste des breitschultrigen Mannes machte Eindruck. Es dauerte einen Moment, bevor Émile mit flatternder Oberlippe reagierte.

»Wer, ich? Oh, wo denken Sie hin, Monsieur!« Der Fünfzehnjährige stammelte die Worte ungelenk dahin.

Pierre-Armand Dufau kniff die Augenlider zusammen. Die Frage hätte er sich wohlweislich schenken können, so musste er sich augenblicklich eingestehen. Bei aller Liebe – woher sollte Émile denn bitte schön die Fähigkeit besitzen, dieses Zeug zu lesen, wenn er, Pierre-Armand, es schon selbst nicht vermochte, der Braille'schen Schriftkunst auf die Schliche zu kommen? Es half nichts. Die Erkenntnis flog ihn an. Sie war da und war unausweichlich, fatal und ebenso zermürbend, denn wie so oft blieb ihm der Inhalt der Punktschrift verborgen, wie im Übrigen auch der Urheber dieser Unverschämtheit. Der suchte vermutlich – hoffentlich von einem schlechten Gewissen geplagt – vergeblich nach dem betreffenden Papier. Sollte er Émile darauf ansetzen, um den Unbekannten ausfindig zu machen? Die Musikklassen böten Gelegenheit dazu, sich in den Dunstkreis von Brailles Entourage hineinzubegeben, auch der Schulchor. Hie und da unterhielte man sich, plauderte miteinander, tauschte sich aus, und womöglich fiele ganz zufällig ein unachtsames Wort, ein Witz, der den oder die Missetäter verriete. Émile bräuchte sich einfach nur unter die Nasen zu mischen und ihnen aufs Maul zu schauen.

Diese lose Bande! Dufau ertappte sich bei dem Gedanken, wie er die Türen zu den Unterrichtsräumen öffnete und die Dormitorien in den oberen Etagen durchsuchte. Wo versteckten die Übeltäter nur immer ihr Instrumentarium, das Werkzeug für ihr vermaledeites Schreibszenario? In den klammen Strohsäcken ihrer Bettstatt? Etwa unter den von Spinnen und Silberfischen bevölkerten Fußbodenpaneelen? Hinter Regalen? Idiot, plärrte es in ihm, wie er Émile seine heimliche Arbeit mit langen Fingern verrichten sah, auf der Suche nach versteckten Zeichentabellen, Griffeln und Schablonen. Schnell legte Dufau den verqueren Gedanken zur Seite auf eine staubige Kommode. Émile, der Tollpatsch, würde die Sache womöglich noch ins Gegenteil verkehren und ihn, Dr. Pigniers Stellvertreter, als Fadenzieher enttarnen. Nicht auszudenken, was daraus entstünde. Er, ein Intrigant. Nein, nein! Diesen Eindruck galt es tunlichst zu vermeiden.

Er schnaubte kurz, drehte sich von Émile weg und richtete seine Aufmerksamkeit auf den hölzernen Vogelkäfig in seinem Kabinett. In sich gekehrt, verharrte er sekundenlang stumm, was Émile sichtlich nervös machte und ihn an seinen breiten Hemdsärmeln herumspielen ließ. Dufau spürte die Ungeduld des blonden Jungen, dessen Hände feucht geworden waren. Der Bursche wartete, wartete auf ein Wort, ein Lob, ja doch wenigstens auf einen vertrauensvollen Blick oder eine schäbige Anerkennung, verpackt in ein laues, abgestandenes Gefühl, ihm zugeneigt, wohlwollend. Anstelle dessen aber starrte er, Pierre-Armand Dufau, auf ein eingesperrtes Vögelchen, einen Buchfinken, der mit seinen Flügeln klaustrophobisch umherflatterte, den Dreck aufwirbelte und das Schnäbelchen aufriss. Émile verstand die Welt nicht. Unsicher blinzelte er vor sich hin, schaute sich um und hüstelte lakaienhaft, als wollte er sagen: »Jawohl, Monsieur! Ich bin noch hier, Monsieur! Haben Sie mich vergessen, Monsieur?«

Dufau aber ließ ihn zappeln, quälte ihn. Der groß gewachsene Stellvertreter des INJA schaute durch die Gitterstäbe in den Vogelkäfig, sah zu, wie das piepsende Vögelchen über den verkackten Käfigboden hüpfte und apathisch dreinschaute.

»Nimm dir ein Beispiel an diesem Tier, das die wenigen Brosamen so emsig aufpickt! Welch Demut in diesem zarten Wesen doch steckt.« Er winkte Émile heran, der glaubte, sich eben gerade verhört zu haben. Was meinte Dufau nur damit, sich dieses kleine dumme Ding zum Vorbild zu nehmen? Was spintisierte der stellvertretende Schulleiter sich da zusammen? Sein Dienst verlangte nach einem Lohn, und er, Émile Marso, war bereit, seinen Lohn zu empfangen. Das Gesicht des Jungen verzog sich auf der Stelle. Die Ungeduld siegte über die Unterwürfigkeit. Jähzorn machte sich in dem Helferschüler breit. Dem endlosen Trauma des Zurückgesetztseins nicht entkommen könnend, fühlte sich Émile bis ins Mark getroffen, verletzt und gedemütigt. Eifersüchtig hob er das schmale Kinn und betrachtete Dufau von der Seite, wie er eine heruntergefallene Vogelfeder zwischen die Gitterstäbe hindurchschob. Er sah das Vögelchen, das durch den grau-weiß-braunen Kot hüpfte, und fühlte sich im selben Moment verspottet. Ein zorniger Blitz leuchtete in den Augen des Jungen. Hilflos suchte er nach Worten und fand keine.

»Erinnere mich daran, dass ich die Mamsell morgen Mittag dazu veranlasse, dir eine Extraportion zu geben.«

Der Junge nickte, ohne großartige Dankbarkeit über Dufaus generöse Geste zu verspüren.

»Sonst noch etwas?« Dufau taxierte den Jungen. Émile schüttelte den Kopf.

»Nein, Monsieur! Darf ich jetzt gehen?« Er spuckte die Worte leise aus. Der Junge wirkte mit einem Male wie gehetzt.

»Aber sicher doch«, erwiderte der Stellvertreter.

»Oui, Monsieur! Merci, Monsieur!« Die Tür schloss sich mit einem lauten beleidigten Ruck. Der Junge verschwand so schnell, wie er Dufaus Kabinett betreten hatte.

Dufaus innere Unzufriedenheit riss nicht ab. Krähenschwarz und schiefergrau – sein Groll setzte sich fest wie der schmierige Ruß an den Schürhaken der Kamine. Es wollte ihm in den Jahren unter Pignier partout nicht gelingen, den Aufstieg Louis Brailles zu verhindern. Wild entschlossen, bemühte sich der arme Pierre-Armand darum, die Prägeschrift zu verbessern. Doch das Herumexperimentieren mit Tinten, Papier und Drucktypen blieb erfolglos. Ein um das andere Mal blickte er ratlos auf sein Werk und schimpfte, dass ihm die Rippen flatterten. Seine Entwürfe landeten allesamt im toten Winkel der Geschichte, zum Unglück seiner Mitmenschen, die er mit an die rostige Leidenskette nahm. Sein launisches Nörgeln in Konferenzen, sein stetes Protestieren und Beanstanden in Komitees, sein Grämen und Kritisieren, sein Intervenieren in Ausschüssen, sein »Ich!« und »Ach!« – es war unsäglich, lästig und zum Davonlaufen. Und dennoch: Hinter seinem narzisstischen Geist versammelte er durchaus Gleichgesinnte, Kolleginnen und Kollegen, die sich an seinen saftigen Ausbrüchen ergötzten. Die musikalische Ausrichtung der Schule gefiel so einigen nicht, vernachlässigte man hierdurch doch die handwerkliche Ausbildung der Schützlinge. Pignier aber, die Seele mit einem festen Glauben gefüllt und mit den Taufwassern der Diplomatie beschlagen, lenkte das Institut geradezu bravourös durch die pädagogischen Stürme, die ihm von seinem Stellvertreter und dessen Seilschaften entgegenwehten. Er gab sich unbeirrt, sah die Zeigefinger in den Versuchsklassen über die sechs erhabenen Punkte hinwegstreichen und bedankte sich bei sämtlichen Erzengeln seines Schöpfers mit einem Hochamt.

»Louis Brailles Schrift soll jetzt endlich in allen Klassen eingeführt werden«, beschloss er und schnürte sich die Schuhe für den Tag. Da schrieben sie das Jahr 1830 in ihre ziegenledernen Kalender. Louis hatte das 21. Lebensjahr erreicht. Ein Raunen ging durch die dicken Sandsteinmauern. Und um den Dornenvögeln um sich herum den Wind zu nehmen, sprach sich der kluge Pignier dafür aus, den prägeschriftlichen Unterricht weiterhin auf die Stundentafel zu setzen. »Der geistige Baldrian für die Schriftkonservativen«, wie er es schnörkellos, mit einem Augenzwinkern, in seinen Aufzeichnungen vermerkte. Um eine andere Medizin wusste er nicht. Wie dem auch sei! Ihm war es recht. Es war die Medizin, mittels derer Louis seine Sechs-Punkte-Schrift weiter verbessern konnte und die ihn zusammen mit Coltat und Gauthier zu Assistenzlehrern am INJA machte. Wer hätte das gedacht! Pierre-Armand Dufau benötigte geschlagene zehn Jahre Anlauf, um diesen blinden Durchmarsch zu beenden. Aber davon zu einem späteren Zeitpunkt. Derweil schallte eine wunderbare Melodie durchs Gemäuer.

KAPITEL 20

IM TAKT DER MUSIK

Tonartwechsel. Jean-Baptiste Mathieu hatte ihnen den Rücken zugedreht. Der schmächtige Mann mit den schlohweißen Löckchen über der Stirn führte die Spitze seines Taktstocks über das Notenblatt, gewohnheitsmäßig, so wie er es immer tat, wenn er am Dirigentenpult stand. Daran konnten auch die gesichtlosen Mädchen nichts ändern, die sich jetzt vor ihm mehr oder weniger ordentlich aufgereiht hatten. Ein zarter Lichtkegel lag auf seinem geduldigen Haupt.

»Könnt ihr mich sehen, Kinder?«, hatte er anfangs immer noch in die kichernde Meute gerufen, hatte mit dem langen, dünnen Holz ratlos in der Luft umhergerührt, bis er sein bis dato wichtigstes Werkzeug nach einer frommen Weile nach unten gesenkt und ernüchtert festgestellt hatte, dass er sich den Kindern auf andere Weise verständlich machen müsste. Er tat es. Fortan gab er die Einsätze mit vernehmlichem Zählen bekannt, stückelte die Partituren in mundgerechte Portionen und platzierte die Besten aus dem Chor als tonale Stützen zwischen den Umstehenden. Das Auswendiglernen schien den Kindern gut von der Hand zu gehen, und so ließ er sie wiederholen und nochmals wiederholen, so lange, bis ihnen das Gelernte wie von selbst aus den Kehlen floss und sich ein glücklicher Moment auf seine Schultern legte. Und der ebenhölzerne Taktstock, der ihn als Dirigenten und nichts anderes auswies? Den behielt er naturellement, um sich daran festzuhalten und um sich des Dirigats zu versichern, das er zeitlebens bekleidete.

»Ich setze auf Sie und Ihre Fähigkeiten, Monsieur!«, sagte Pignier nach der ersten Chorprobe, hoffnungsvoll, mit funkelnden Augen. Zugegebenermaßen nicht ganz uneigennützig, denn Jean-Baptiste Mathieu, die Pariser Koryphäe für Gesang, sollte dem INJA als Aushängeschild in der musikalischen Erziehung seiner Schützlinge dienen.

»Monsieur Mathieu eröffnet uns ganz neue Spielräume, verehrtes Kollegium! Wir stehen erst am Beginn einer großartigen Epoche«, resümierte Pignier inmitten einer langen Konferenz und schielte auf einen breiten Applaus der Anwesenden. Er sollte ihn bekommen, zwar nicht stürmisch, aber in Ansätzen doch zumindest wohlwollend und erwartungsvoll. Allein Monsieur Dufau und Céline Clémence behielten die Hände auf dem Schoß. Sie saßen da wie zwei verschmorte Lammkeulen im Ofenrohr, schauten einander an und übten sich anschließend in einer Spöttelei nach der anderen.

»In Zukunft bilden wir nur noch Latein sprechende, blinde Bettler an Orgeln und Cembali aus. Merci, Monsieur!« Madame grollte ihren Missmut über rosa Teller und Tässchen hinweg, als sie in der Pause mit Dufau am Teewägelchen stand und sich einschenken ließ. »Wer braucht denn schon Pantoffeln oder Bettvorleger im Winter, wenn es Konzerte und Arien gibt?«, tuschelte sie. »Dann schließen wir eben unsere Werkstätten und klöppeln an Bühnenvorhängen.« Sie war in Fahrt geraten. Ihre Brust hob sich allzu gehässig unter dem Stoff ihres Empire-Kleides. »Mathieu wird sicherlich nicht die letzte bedeutende Personalie sein, die uns die Schulleitung vor die Nase setzt, meinen Sie nicht auch, Monsieur Dufau?« Sie sollte recht behalten.

Dufau schaute in den aufsteigenden Teedampf, glaubte Louis Brailles Gesicht darin zu erkennen, sein gelocktes Haar, die Augen, aus denen lediglich ein fahler Schimmer hervortrat, darin ein dünner Streifen des Blaus seiner Kinderaugen. Räuspern, dann Augenrollen. Der Stellvertreter des INJA nickte unmerklich.

»Pignier denkt, Pignier beschließt, und Pignier schreitet voran«, erwiderte er und erlaubte sich, die gegenwärtige Situation am Institut mit einer weiteren Stichelei zu beschreiben: »Unsere Leitung arbeitet ganz offenkundig daran, eine musikalische Akademie zu etablieren. Nicht umsonst hat Pignier eigens eine Orgelklasse einrichten lassen und den Musikbereich weiter aufgeblasen. Fragen Sie einmal unseren guten Isaac Roques, der einen Choral nach dem anderen mit seinen Nadeln sticht. Die Musik liefert das Renommee nach außen.« Er pausierte kurz, malträtierte seine Unterlippe mit der schiefen Spitze seines Eckzahns und verbiss sich, leicht blutend, im eigenen Fleisch. Wie dumm aber auch! Ein unscheinbarer Tropfen Bluts löste sich aus der kleinen Wunde in der Unterlippe und legte sich ihm auf die Zunge. Fauliger Eisengeschmack überkam ihn. Sich über die eigene Ungeschicktheit grämend, gab er sich angriffslustig. »In Wirklichkeit verbirgt sich etwas ganz anderes hinter diesem Spiel.«

Er zog Céline Clémence unbemerkt zur Seite, führte sie in eine entfernt gelegene Ecke in dem dunkelgrünen Salon und erklärte unverhohlen: »Wenn Sie mich fragen, ist Letzteres der Beweis dafür, dass er sich und die Schüler zu Handlangern der Kirche macht, indem er gottgefällige Organisten aufzieht.«

Céline Clémence zog die Augenbrauen hoch. »Passen Sie auf, was Sie sagen, Monsieur Dufau! Der Feind hört mit.« Sie reckte die Nase nach vorne und deutete auf Gabriel Gauthier, der sich im Rücken ihres Gegenübers mit Braille eingehakt näherte und sich mit jenem angeregt über die pädagogischen Visionen der Schulleitung zu unterhalten schien. Die beiden trugen Gamaschen über den schwarzen Schuhen, ihren neuen Ausgehrock und den Zylinder. Was hatten die Herren Gauthier und Braille vor? Beabsichtigte man, sich anschließend wieder ins »Café des Aveugles« zu begeben, in diesen Palast der Bizarrerie, um dort mit irgendwelchen zwielichtigen Gesellen aufzuspielen? Waren die beiden frischgebackenen Assistenzlehrer des INJA sich denn nicht ihrer Rolle bewusst? Und was trieb einen Braille um, dass er den schüchternen Gauthier dazu verführte, jenen lasterhaften Pfuhl aufzusuchen, wo Dirnen und Bettler, Beutelschneider und Betrüger unter den Gästen weilten? Nicht auszudenken! Céline Clémence verschlug es für einen Moment lang die Sprache.

Dufau drehte seinen Kopf und blickte seinerseits schräg nach hinten zu den jungen Kollegen, leise vor sich hin wispernd. »Wenn ihnen die schweren Orgelpfeifen nur nicht einmal auf die eigenen Füße fallen, nicht wahr.«

KAPITEL 21

DIE HELLE TONGESTALT

Die Orgel schwieg, noch schwieg sie. Jean-Baptiste Mathieu, dem das pädagogische Hickhack am Institut bislang verborgen geblieben war, übte eine von ihm arrangierte Motette mit den Mädchen ein. Er schwelgte. Der Kapellmeister der Kathedrale von Versailles hatte die Arme adlerhaft ausgebreitet und trieb, trieb, auf den Fußballen wippend, durch den luftigen Gesang, entzückt von dem zarten Dolcissimo aus den etwa zwanzig Mädchenstimmen. In einigem Abstand, seitlich, schräg versetzt, hockten Braille und sein Freund Gauthier und spitzten derweil die Nasen eng aneinander.

»Es ist so, wie du sagst, Louis. Du hast nicht zu viel versprochen. Die sechs Punkte eignen sich, wie es scheint, in ganz formidabler Weise für die Notenschrift. Faszinierend!« Gabriel Gauthier saß an der Orgel in der kleinen Kapelle, Braille neben sich, und studierte einen Bogen Papier, den ihm sein Freund zugeschoben hatte. Man flüsterte miteinander im Dunkeln, darauf bedacht, die Probe nicht zu stören.

»Wie bist du nur darauf gekommen?«, bemerkte Gabriel verwundert, die Fußsohlen auf die mächtigen Pedale des Instruments gestützt. Wieder und wieder ging der junge Mann über das Notenblatt und konnte es nicht fassen.

»Und wie lassen sich die anderen Notenwerte erkennen,

die Viertel, die halben und ganzen Noten?« Gauthier hakte neugierig nach.

»Lies selbst, und du wirst verstehen.« Louis führte die Hand seines Freundes über das dicke Papier nach unten. »Die Taktstriche sind durch Leerzeichen kenntlich gemacht.«

Gauthiers Finger rutschte von Zeile zu Zeile, von Zeichen zu Zeichen, von Note zu Note.

»Fühlst du es?«, flüsterte Louis und lächelte zufrieden, als die Stimmen der Mädchen anschwollen und in den Refrain wechselten. »Ich habe einfach die untersten Punkte dafür hergenommen, um die Achtel zu verändern.« Es klopfte. Braille horchte auf. Der Chor brach ab und setzte erneut ein, Mathieus Stimme dazwischen. »Très bien! Und noch einmal, Kinder! Auf die Eins!«

Gauthier staunte nicht schlecht über den Erfindungsgeist, der in seinem Freund steckte. Louis benötigte lediglich ein einziges Zeichen, um beides zu definieren – die Tonhöhe an sich und den Notenwert. Do-Re-Mi-Fa-Sol-La-Ti. Gauthier schritt die Grundstufen des Solfège-Systems ab. Es brauchte nur ein Vorzeichen, um in eine andere Tonart zu wechseln und um den Musizierenden anzuzeigen, in welcher Oktave man sich befände. Auch wenn das Ganze erst ein vorsichtiger Versuch wäre, so wie Louis jetzt erklärte, das Ergebnis war vollkommen logisch, vielleicht nahezu genial, da weitaus übersichtlicher als das System der Sehenden, die sich mit Hilfslinien nach oben und unten quälen mussten und dabei noch jeder Note eine andere Gestalt gaben. Ganz außer Frage: Die Methode seines Freundes war platzsparend, sie ließ sich gut lesen, sie ließ sich schnell lesen und sie war – nicht zu vergessen – erlernbar. Die Griffelspitzen blinder Musiker würden glühen, wenn man erführe, was Louis sich ausgedacht hatte. Außerdem böte die neue Methode, wenn er das richtig erkannte, die Möglichkeit, an verschiedene Musikinstrumente angepasst zu werden. Selbst Orgelnoten ließen sich damit ohne Schwierigkeit darstellen. Die linke Hand, die rechte Hand, das Pedal. Sie waren greifbar nahe! Wie herrlich! Gauthier ging das Herz auf.

»Es fehlen noch einige Dinge, wie dir vermutlich aufgefallen ist«, räumte Louis ein. »Ich habe mich für den Anfang auf die grundlegenden Notierungen beschränkt. Aber es braucht noch zusätzliche Zeichen für weitere musikalische Anweisungen aus dem Notensatz.«

»Oh, ja, sicher, natürlich …«, sagte Gabriel und träumte sich in Gedanken bereits von einer Harmonie in die nächste. Er legte die Hand auf das Orgelmanual und verlor sich, von Louis' tollkühner Idee befeuert, in Kadenzen und Tonskalen, bis er schließlich, einen Septakkord tonlos greifend, zur folgenden Einsicht kam: »Wir werden die Drehleiern hinter uns lassen, Louis! Das stumpfsinnige Kurbeln an leidenschaftslosen Instrumenten, wie es uns von Sehenden seit Jahrhunderten auf Jahrmärkten zugedacht ist!«

Der junge Mann, dem wie Louis die Musik heilig war, gedachte der eintönigen Lochstreifen, ebenso der Notensetzkästen, der dünnen Drähte als Notenlinien, der Stiftchen und Nägelchen, mit denen sie sich behalfen, um einer Melodie auch nur irgendwie habhaft zu werden.

»Bist du dir darüber bewusst, was du geschaffen hast?«, raunte Gabriel, während die Mädchen sangen. »Deine Notenschrift ist Jean-Jacques Rousseaus Schrift weit überlegen, gar nicht zu sprechen von den unbeholfenen Versuchen eines Valentin Haüy. Wir werden dem Spott der Menschen ein für alle Mal den Garaus bereiten. Sie werden uns endlich ernst nehmen müssen, uns blinde Musiker! Du bist ein Revolutionär, Louis!« Er zupfte seinen Freund stürmisch am Ärmel und fügte verschmitzt hinzu: »Dufau wird toben, wenn er davon erfährt!«

»Aber sicher. Zweifellos wird er toben. Er wird mich dafür in Ketten legen und in die Besenkammer werfen, bei Wasser und Brot.«

»In ein fensterloses Kabinett, ohne Klavier, ohne Orgel und ohne Papier«, feixte Gabriel, heiser vor Freude, und Louis setzte nach: »Allein du, Gabriel, wirst mir einen spitzen Eisengriffel in meine Kerkerzelle schmuggeln, versteckt in einem Kanten Brot, auf dass ich die Besenstiele mit einer Strickschrift verzieren möge.«

Die beiden grinsten ob ihrer grandiosen Fantasie, während Marie Laurents glockenheller Sopran deutlich aus den Mädchenstimmen herauszuhören war.

»Hast du Dr. Pignier davon erzählt?«

»Noch nicht«, sagte Louis und überlegte.

»Du musst ihm davon erzählen, hörst du! Ebenso Monsieur Mathieu. Sie werden dir eine Medaille verleihen!«

»Ja, vielleicht hast du recht, und ich werde ihnen schon bald davon berichten müssen.«

Braille hatte noch nicht ausgeflüstert, da klopfte es mehrere Male behäbig. Holz auf Holz. Jean-Baptiste Mathieu bemühte seinen Taktstock. Die Mädchen hielten inne, der Sopran allen voran. Mathieus ruhige Stimme war zu verstehen. Er höre immer noch Geflüster und frage sich, woher es komme. Monsieur Fabre habe die Mäuse doch erst aus dem Beichtstuhl verbannt. Ob es vielleicht die Holzwürmer seien, die ihr krummes Unwesen trieben und sich durch das morsche Gestühl bohrten. Die Mädchen kicherten. Es sei bestimmt der Wind in den Orgelpfeifen, meldete sich Felice Olivier aus dem Mezzosopran und wusste dabei doch ganz genau, dass es Gabriel Gauthier und Louis Braille sein mussten, die sich mit ihrem absoluten Gehör vermutlich über die schiefen Töne der Mädchen mokierten.

»Können wir nicht mit der Orgel üben, Monsieur Mathieu?«, fragte Nicolette Durand von ganz hinten in der letzten Reihe, dort, wo die höheren Klassen sich versammelten.

»Also gut, Kinder, wenn es euch hilft, dann lasst uns mit der Orgel, der Königin aller Musikinstrumente, singen!« Mathieu drehte sich sodann zu Gauthier und bat um die nötigen Akkorde.

»Wir halten jetzt besser den Mund«, flüsterte Gabriel seinem Freund eilig ins Ohr, die Hände auf den Manualen. »Ich muss spielen. Geh an den Blasebalg, Louis!« Der steckte seine Punktschrift ein und tat, wie ihm geheißen.

Es war eine denkwürdige Chorprobe, die ihnen an jenem Nachmittag widerfuhr, Mathieu, Gauthier, den Mädchen. Was aber geschah? Brailles Euphorie fuhr ihm exorbitant in den Fuß, in die Achillesferse, in den Blasebalg, sprang von dort aus über, durch die Engstelle der Luftröhre und füllte das riesige Reservoir der Windladen mit einem langen Blas, einem durchdringenden Wind, wie ihn Gabriel Gauthier noch nie zuvor in den inwendigen Sphären des Instruments verspürt hatte. Die Orgel posaunte es, die Mädchen sangen es, Mathieu dirigierte es, und Gabriel verkündete es, das Lied, die Hymne des Augenblicks, Brailles unbeschreiblichen Moment der Glückseligkeit. Die Schöpfung einer Musiknotenschrift aus sechs erhabenen Punkten nahm helle Tongestalt an.

KAPITEL 22

DER TRÄUMER

Etwa zur selben Zeit, als die Orgel spielte, hing Pierre-Armand Dufau wieder einmal über seinem Stellvertreterschreibtisch. Denkfalten huschten über sein Gesicht. Er studierte einen übergroßen Bogen Papier, darauf tastbare Linien und Flächen. Jene hatte er am Vortag mittels einer dickflüssigen Lösung aus Gummiwasser und Harzpulver aufgetragen. Das Präparat war getrocknet. Er fühlte den edlen Geist Valentin Haüys, dem Begründer der ersten Blindenschule Frankreichs, über sich schweben und fühlte die unumstößliche Verpflichtung, es diesem gleichzutun, mit dem Vorurteil aufzuräumen, dass die Ärmsten der Gesellschaft, die Gesichtlosen, unnütz und unbildbar seien. Das Gegenteil war der Fall, wie man in Paris zur Kenntnis nehmen musste.

Tränen der Dankbarkeit stürzten ihm zu, wenn er, Pierre-Armand Dufau, sich mit den Unglücklichen in der Öffentlichkeit zeigte, mit ihren weißen Spazierstöcken, und sie mit der Welt da draußen, vor den Türen des INJA, bekannt machte. Die tröstende Quelle der Blindenbildung, vormals von Valentin Haüy gegen Zweifler und Bedenkenträger ins Leben gerufen, verhieß Ruhm, Ehre und Unsterblichkeit. Darüber war sich Pierre-Armand volkommen im Klaren. Und auch wenn Dr. Pignier einen Narren an Braille gefressen hatte, so käme doch der Zeitpunkt, da der königstreue Vasall von einem Schulleiter seinen Hut würde nehmen müssen und er anstelle Pigniers an die Spitze des Instituts vorrücken würde.

Dufau stieß einen triumphierenden Seufzer aus. Ruhmsüchtig klopfte er sich auf die Schultern, hörte sich selbst zu, wie er seine berauschende Antrittsrede im grünen Salon deklamierte, wie ihm Étienne Perigot eine Urkunde verliehe und wie er die Gratulationen der Umstehenden mit geschwellter Brust entgegennähme, wenn er, Pierre-Armand, endlich das neue Schulgebäude am *Boulevard des Invalides* mit den Kindern bezöge. Befreit von allem Dreck und Staub, von aller armen, bemitleidenswerten Seligkeit. Nein! Für ihn gab es kein Zurück, ohne Wenn und Aber: Die Ideale der Revolution wären erst dann erreicht, wenn auch der letzte Monarchist den Rückzug angetreten hätte.

Die Marseillaise leise summend, wandte sich Dufau dem vorliegenden Werk zu. Es ließ die Umrisse einer Landschaft erkennen und erinnerte mit den krümeligen Flächen an eine unfachmännische Panade. Ein kurzes Zögern, dann hob er die Vorlage sachte von der Schreibtischfläche hoch, schob die Fingerspitzen umständlich darunter, balancierte das Werk in die Waagerechte und pustete einmal kräftig darüber hinweg. Der dadurch verursachte Windstoß fuhr in das ockerbraune Relief hinein. Die Katastrophe nahm ihren unspektakulären Lauf. Er begann zu husten. Staub entlud sich. Feine Brösel, vertrocknete Überreste der klebrigen Tinktur, lösten sich und flogen durch die Luft. Das mühevoll erstellte Abbild Frankreichs, die taktile Landkarte, trieb jäh dahin, brach auseinander und hinterließ ein überaus bescheidenes Ergebnis für den Geografieunterricht. Mehrere Wochen der Vorbereitung waren dahin. Entsetzt blickte Pierre-Armand Dufau auf das kartografische Desaster. Das Experiment hatte die Feuerprobe ganz augenscheinlich nicht überstanden. Ihm war es nicht anders ergangen als Valentin Haüy, der, von dem Gedanken getragen, den Blinden eine erhabene Schrift geben zu wollen, mit diversen

Tintenpräparaten herumhantiert hatte und die Idee damit zwar nicht wie Pierre-Armand pulverisierte, doch auf seine Art hin dickflüssig, in einer miserablen Kleckserei ersäufte.

Der arme Dufau! Er saß da wie ein begossener Pudel, hatte er sich doch eigens von Roques eine Füllfeder aus Messing bauen lassen, mit der sich die harzhaltige Tinte so simpel auf das Papier applizieren ließ.

»Merde!«, lautete sein bescheidenes Urteil, und es drückte alles das aus, was Pierre-Armand Dufau in jenem Moment durchlebte, als sich plötzlich auch noch die Tapetentür öffnete und Selonge Noublier mit wallendem Kleid in sein Kabinett stürmte, hysterisch, die Augen zornesrot, verweint, mit aufgelöster Stimme.

»Aber Verehrteste, was ist geschehen? So sprechen Sie!«

»Dr. Pignier beabsichtigt, mich zu entlassen, Monsieur!« Sie schluchzte die Worte, zitterte, heulte sich die Wut und den Ärger aus dem Leib.

»Er sagt, das Interesse der Kinder an der Prägeschrift sei zu gering! Wir sollten uns mit dem Gedanken anfreunden, die Sechs-Punkte-Schrift zu lernen. Ich habe mich geweigert!«

»Aber natürlich haben Sie sich geweigert, Mademoiselle! Was anderes hätten Sie tun sollen?«, zischte es aus Dufau heraus.

Die Worte flogen durch die Luft. Mademoiselle stampfte auf. Sie warf ihre Brust nach vorn, fuchtelte mit den Händen aufgeregt hin und her. Die verzweifelte Geste ihres Echauffiertseins, sie war unübersehbar.

»Stellen Sie sich vor, Monsieur, er will Hippolyte Coltat, Gabriel Gauthier und Louis Braille zu Lehrern am Institut ernennen! Wenn wir Dr. Pignier gewähren lassen«, führte sie aufgebracht aus, »so geben wir die Ästhetik unserer schönen Schrift auf, Monsieur! Ja, mehr noch: Brailles sechs Punkte sind der Untergang aller Kulturgeschichte. Er radiert sie aus, indem er sich anmaßt, seine Schriftzeichen darüber auszulegen.«

»Wie allzu wahr! Nichts anderes habe ich immer gesagt, Mademoiselle.« Dufau blickte auf das Stück Kautschukgummi, welches er eben noch gebraucht hatte. Der Abrieb, ein krümeliges Schwarz, haftete an der schmal zulaufenden Vorderkante desselben.

Erneutes jämmerliches Aufheulen. Selonge Noublier löste sich auf, nahm die Gestalt eines Schluck Wassers an und wurde blasser denn je. Armes Ding, dachte sich Pierre-Armand Dufau und erbarmte sich der katholischen Seele, dieser keuschen Religionslehrerin, die das Alte und Neue Testament von vorn bis hinten gelesen hatte und auch noch daran glaubte. Jaja, die Bibel, welch hohlknöcherne Verheißung, philosophierte der Stellvertreter ungehört in sich hinein, war sie nicht wie eine fromme Stickerei, die Heilige Schrift. Von vorne besehen eine filigrane Komposition. Doch drehte man das Gemälde aus Garn auf die verkehrte Seite, so erkannte man alsbald, wie die Fäden wirklich liefen. Und so traf sich doch alles Philosophieren in der Mitte, dort, wo sich jetzt also erzkonservative und agnostische Geister im Kampf gegen sechs kleine Punkte einten. Dufau lächelte verstohlen schief wie der Teufel, der nach einer armen Seele schielte und sie gefunden hatte.

»Ich werde mich der Angelegenheit annehmen, Mademoiselle! Dessen können Sie sich sicher sein!«

KAPITEL 23

DIE BÖSE SAAT

Schritte, über die Brücken der Zeit. Das Wasser der Seine, es floss wie eh und je trübe und stinkend dahin. Pierre-Armand Dufau konnte sich nicht zurückhalten. Er geriet in Rage und empörte sich unaufhörlich in Gegenwart seiner neuen Verbündeten im Lehrkörper. Die Dornenvögel klapperten mit den Schnäbeln. Braille sei wahnsinnig geworden, seitdem ihn Dr. Pignier mit Coltat und Gauthier nun auch noch zu Lehrern des Instituts ernannt habe. Er fühle sich wie Galilei, dabei drehe er sich um sich selbst als Sonne. Nicht genug, dass er seine Erfindungen in alle Himmelsrichtungen trage, Korrespondenz mit der Académie française pflege, durch die Türen der Philanthropischen Gesellschaft und, ja, selbst durch die des Adels spaziere – nein, er und seine Freunde besäßen die Frechheit, die unschuldigen Schützlinge des INJA zu manipulieren, und zwar mittlerweile ganz offen unter dem Dach des Instituts, unter der Schirmherrschaft Pigniers, eines Reaktionärs. Der Stellvertreter des INJA stand vor einem Globus und meditierte, die Hände in die Rocktaschen vergraben, gegen den weiten, stillen Ozean, sechs Punkte halluzinierend. Mit seinen formidablen Hirngespinsten gereiche Braille der Schule mehr zum Nachteil als zum Vorteil. Dufau spielte auf Selonge Noubliers Entlassung an, ebenso auf die Übertragung eines ominösen Werks in Brailles Sechs-Punkte-Schrift, eine dreibändige Geschichte Frankreichs, verfasst von katholischen Federkielen, wie er sich gegenüber Étienne Perigot, dem Staatssekretär, abschätzig ausdrückte. Man war sich bei einer feierlichen Zeremonie im Ministerium begegnet.

Céline Clémence, die schon zu Zeiten Guilliés am INJA unterrichtet und die sich auftürmende Pyramide von Trophäen und Pokalen im Rücken des Wunderknaben gesehen hatte, streckte ihr grobschlächtiges Gesicht durch eines der Regale in der kleinen Prägedruck-Bücherei. Sie spitzte die wulstigen Lippen zu einem von Eifersucht zerfressenen Fauchen.

»Sein blinder Eifer in allen Ehren, Monsieur Dufau, aber das Kollegium ist alles andere als auf Brailles Sechs-Punkte-Schrift erpicht!« Sie war außer sich. »Es geht zu weit, Monsieur!« Neiderfüllt riss sie die Augen auf. »Wohin soll das führen, Monsieur, frage ich Sie? Wer braucht uns sehende Lehrkräfte noch, wenn sich die Blinden selbst untereinander unterrichten? Sollen wir alle von Almosen leben oder uns als Dirnen verdingen? Pah! Wir haben ihn unterschätzt, die ganze Zeit, ihn und seine Schrift und Dr. Pignier dazu! Tun Sie etwas dagegen, Monsieur Dufau! Ich flehe Sie an!«

Voilà! Sie hatte es, ohne lange um den heißen Brei herumzureden, auf den Punkt gebracht. Der kleine, fleißige Louis war den Guillié'schen Pantoffelwerkstätten und Webstühlen längst entwachsen. Er war jetzt 29 Jahre alt, trug das unverkennbare Abzeichen pädagogischer Verantwortung am Rock und verdingte sich für ein bescheidenes Salär als Organist in verschiedenen Pariser Kirchen, etwa der Saint-Nicolas-des-Champs. Der einfache Sattlersohn hatte sich zu einem sprachgewandten und klugen Mann entwickelt, geschätzt von vielen Seiten. Diesem Umstand war nicht so einfach beizukommen. Ließe er sich bei all der Bewunderung, die ihm von seinen Klassen entgegengebracht wurde, überhaupt noch zähmen?

Man möchte meinen, die Blindheit enge den Geist ein, indem sie ihm Fesseln anlege, doch das Gegenteil war der Fall. Sie, die Blindheit, der körperliche Malus, den Louis von Kindesbeinen an wie einen ewig stummen Zwillingsbruder neben sich fühlte, befreite ihn, beflügelte seinen Verstand und führte ihn zu geistiger Unabhängigkeit. Letzteres konnte für den einen oder anderen recht unangenehm sein, zumal sich die Nasen an Brailles aufmüpfigem Charakter ein Beispiel nahmen. Genervt riss Dufau die Tür zum Korridor auf, wo sich Tumult gebildet hatte – Louis Brailles Orgelklasse. Man zankte sich gepflegt, also lautstark. Die Ursache, der Quintenzirkel, genauer gesagt die Anzahl von Kreuzchen anlässlich einer H-Dur-Harmonik. Das Treiben auf dem Flur lieferte das hässliche Vorzeichen für die noch am selben Nachmittag überstürzt einberufene Gesamtkonferenz.

»Erst gestern habe ich die Kinder in meinem handschriftlichen Unterricht wieder dabei ertappt, wie sie sich heimlich Briefe schreiben!« Madame Clémence rührte entnervt in ihrer Teetasse. »Wer weiß, was die Bande gerade ausheckt.« Sie schaute wütend um sich.

»Aber ich bitte Sie, Verehrteste«, schaltete sich Monsieur Gaspard ein, der am Tischende vor einem riesigen Kerzenständer saß und leise beschwichtigte. »Es ist der Schabernack von Kindern!«

Doch die Fragen der Disziplin wollten kein Ende finden. Die Streitköpfe wurden nicht müde, sich an der Materie wie an einem durchgekochten Suppenknochen abzuarbeiten. Man kaute und kaute und kaute, biss sich fest, auf dass einem die Kinnlade schmerzte. Das Tableau für die Kontrahenten hätte dabei nicht eindeutiger sein können. Dufau auf der einen Seite des Tisches, den Prototyp seiner überarbeiteten Prägeschrift vor sich, eine dicke Lage Papier; ihm gegenüber Pignier, das zehnsprachige Vaterunser in Louis Brailles

Punktschrift. Ihnen zur Seite die blassen Mienen der Anwesenden. Céline Clémence tupfte sich das Näschen in einer Weise, als wäre es gerade so die unverhohlene Aufforderung für Dufaus Auftritt. Dieser, sich erbost mit dem Oberkörper vorbeugend, schimpfte sodann in die versammelte Runde, dass ihm die Rockschöße flatterten.

»Brailles Schrift ist ein Affront. Er beleidigt damit die langjährige Tradition des Hauses!«

»Mit Verlaub, Monsieur Dufau, wenn ich an dieser Stelle unterbreche, aber von welcher Tradition reden Sie hier? Vielleicht von der eines Sébastien Guillié?« Pignier forderte den Blick seines Stellvertreters heraus. Plötzliche Stille. Der ansonsten so sanfte Schulleiter musterte die Anwesenden mit ernster Miene, einen nach dem anderen. Céline Clémence schaute unter sich. Sie wusste nur zu gut, wovon Dr. Pignier sprach. Sie selbst hatte Lilou damals in das Hospital gebracht.

»An den Peitschen, mit denen Monsieur Guillié die Zöglinge des INJA vormals geißelte, hat das dunkle Blut von Unschuldigen geklebt.« Pignier sprach es aus, das Trauma der Vergangenheit, weggeschlossen in einem Aktenschrank, den er hatte aufbrechen lassen. »Die Todesschreie der ermordeten Priester waren damals durch die Korridore gehallt, ihr Echo erstickt in den Sandsteinmauern. Es ist der Vernunft und dem Mut von einfachen, gläubigen Menschen zu verdanken, dass Abbé Haüy gerettet werden konnte.«

Monsieur Maurice, der Altphilologe mit dem Rauschebart, bekreuzigte sich in Pigniers Worte hinein, Monsieur Duval räusperte sich, hilflos dreinschauend, und Madame Clémence schluckte blass.

Dufau aber, von seinem Vorgesetzten brüskiert, verzog keine Miene. Pigniers Moralpredigt ließ ihn kalt, hatte sie seiner Lesart zufolge doch nur eines zum Ziel: die Protektion seines Schützlings. Man hatte die nächste Stufe der Eskalation beschritten. Und so kaprizierte sich Dufau darauf, die kalte

Glut der Missgunst unters Volk zu bringen. Das Volk, das waren sie alle, die Sehenden, die am INJA unterrichteten. Der vermeintliche weiße Ritter, der in Gestalt Pierre-Armand Dufaus mit heruntergelassenem Visier als Retter auf einem edlen Gaul dahergaloppiert käme, müsse sich nur dieser armen Seelen von Bediensteten annehmen und sich ihrer Angst bemächtigen.

So dachte er bei sich und schaute auf sein Mahl, das er sich in einer benachbarten Schenke hatte bringen lassen. Ein vergnügliches Gefühl der Macht durchfuhr ihn. Die Lanze der heimlichen Lust blitzte auf, genüsslich, leicht euphorisch, wie er das Messer an die graublaue Aschehaut eines Ziegenkäses ansetzte. Mon Dieu! Wie dieser Käse doch so vornehm und gottgefällig ausdünstete. Ein Odeur, kaum zu glauben. Er grinste dämonisch und trieb den Gedanken tief in sich hinein. Ein Odeur, fast so verführerisch wie die Riemchenschuhe am schneeweißen Fuß von Élodie, dem braven Wesen im Vorzimmer der Institutsleitung. Das grün geäugte Miststück, das ihm anfänglich zugetan war, hatte sich von einer Sekunde auf die andere von ihm abgewandt und sich mit all ihrem Liebreiz um den Hals des viel älteren Pigniers gewickelt. Wie liederlich! Du wirst schon noch sehen, was du davon hast, schimpfte es in seiner Seele. Sie hatte ihn, Pierre-Armand Dufau, düpiert, verschmäht, unter das Bett geschoben wie einen alten Nachttopf. Dies allein war Grund genug, sich stellvertretend an dem neunmalklugen Braille zu rächen. Was trällerte er auch mit diesem Frauenzimmer die Kantaten eines Alexandre-René Pignier? Die drei forderten es ja geradezu heraus.

Dufau sog den würzigen, süßen Duft des Ziegenkäses erneut in die Nase ein und seufzte angesichts der betörenden Feigen- und Honignoten auf. Wie köstlich!

»Dieses Odeur!« Er sagte es laut, die Gäste drehten erschrocken die Köpfe. Das Wasser lief ihm im Munde zusammen. Zungenknospen erblühten. Die Zeit war gekommen. Hinweg mit all der Zurückhaltung und Mäßigung: En garde! Er war bereit, bereit für den hässlichen Stoß mit dem Degen, und verfasste noch am selben Tag einen vernichtenden Brief an Étienne Perigot im Ministerium, hoffend, dass auch den Herren in der Schulverwaltung die Verschwendungssucht von Dr. Pignier missfiele, der meinte, ein mehrsprachiges Vaterunser für Blinde drucken zu müssen. Wehe! Die Glocken läuteten es von den Dächern. Pigniers Untergang nahte unaufhaltsam.

KAPITEL 24

EHRE SEI GOTT

Émile Marso machte sich mit dem Strom dahintastender Heimkinder auf den Weg zur Kapelle, wo er sich, vom fahlen Licht beschützt, in eine Bank setzte und vor sich hin starrte. Nervös zupfte er sich am Kragen, dann faltete er die Hände gewohnheitsmäßig und schluckte zweimal trocken den Mundgeruch hinunter. Von einem jähen Zahnschmerz geplagt, ließ er die graugrünen Augen in alle Richtungen schweifen. Nahezu das gesamte INJA sortierte sich nacheinander in die Bankreihen. Die Mädchen und Frauen links, die Buben und Männer rechts, so wie es sich gehörte. Er kannte sie alle, ganz egal, ob Schüler oder Lehrer. Den blinden Hausmeister, der ihnen in den Pausen manchmal Kuchen verkaufte, genauso wie Madame Maurelle, eine korpulente, strenge Frau, die im fünften Stock die Mädchen unter sich hatte und sich gut mit der Mamsell aus der Küche verstand. Wie hieß sie doch gleich? Bernadette Didier, stets einen Rosenkranz in ihrer Schürze und ein wenig taub, wenn es um einen Nachschlag ging. »Aber mein Junge, achte auf deine Figur!«, beschwor sie ihn und die anderen Knaben regelmäßig mit sanftmütigen Schwüngen ihrer Suppenkelle.

Dr. Pignier kam wie immer in Begleitung von Élodie. Die junge Frau, vielleicht Anfang zwanzig, war erst seit wenigen Monaten als Sekretärin am INJA beschäftigt und doch schon beliebt bei den Kindern. So wie Louis Braille, der mit geschliffenen Worten dazwischengehen konnte, wenn es die Mädchen und Jungen im Unterricht zu bunt trieben. So bunt, wie es nun mal ein Haufen blinder Kinder treiben konnte. Émile kicherte innerlich frech. Waren ja alle keine Lämmer. Schwatzten und tschilpten wie die Spatzen, kniffen sich heimlich, quakten durcheinander, stupsten und boxten ihren Sitznachbarn, kitzelten sich gegenseitig oder traten einander ganz vortrefflich auf die Füße. Die Palette des Unfugs kannte alle Farben, und zur Not malten sie sich die alberne Farbe aus, die noch fehlte. Da brauchte es hin und wieder eine starke Hand, die mit der Faust auf den Tisch schlug, so wie die Hand von Monsieur Maurice oder die natürliche Autorität eines Louis Braille. So jedenfalls erlebte Émile es, wenn er in einer der Algebra-Klassen dabeisaß und die Schreibfeder bereithielt, um die Geistesblitze der Blinden zu notieren. Braille ließ sich von den Mädchen und Knaben im Unterricht erst gar nicht echauffieren. Mit seiner leisen, aber verbindlichen Art und seiner Begeisterung für die französische Sprache, das Rechnen und die Musik nahm er all denen, die meinten, sich mit einer rechtschaffenen Blödsinnigkeit hervortun zu müssen, den Wind aus den Segeln. Ihre armseligen Bemühungen, den Unterricht zu stören, liefen – bis auf wenige Ausnahmen – ins Leere. An Brailles offenherzigem und freundlichem Wesen vertrockneten sie wie ein Schluck Wasser im fernen Ägypten.

»Reich mir bitte das Gesangbuch, mein Junge!« Isaac Roques, den sie heimlich »Die Nadel« nannten, war neben Émile getreten und setzte sich im gleichen Moment zu ihm auf die Bank. Der schmächtige Mann aus Montauban streckte seine stark behaarten Finger aus und zeigte auf die Ablage in der Kirchenbank vor ihnen. Wortlos griff Émile in das Fach unterhalb der schräg geführten Pultleiste. Er reichte Roques ein ledergebundenes Gesangbuch. Der nahm es mit einer schlichten

Geste entgegen und vergrub sogleich sein Gesicht darin. Ohne die Brillengläser fühlte er sich jedoch wie ein Analphabet. Mit angespannten, vorgezogenen Schultern murmelte er etwas über das Papier hinweg und kapitulierte schlussendlich.

Ob Monsieur Dufau wohl auch noch zur Vesper käme? Der Platz links neben Pignier war frei geblieben. Émile schielte zu der stabilen Tür, die ein jedes Mal schwerfällig knarrte, wenn sie aufgestoßen wurde und jemand eintrat. Staub wirbelte auf, dann wieder Schritte. Das kupferne Licht der Abendsonne fiel durch die Fenster der Kapelle, die zu Zeiten Sébastien Guilliés errichtet worden war und noch immer den festen Glauben an die Erleuchtung verkündete. Dafür sorgte nicht nur das ewige Licht, das gelegentlich ausging und von Monsieur Fabre, dem Kirchendiener, jedes Mal wieder heimlich angezündet wurde, sondern auch Dr. Pigniers fromme Stundentafel. Kein Tag verging, ohne dass die Knaben und Mädchen des INJA die auf dem Schulgelände gelegene Glaubensfestung zu besuchen hatten.

Die Abendglocke war verklungen, lange Gewänder waren durch den Mittelgang bis nach vorne zum Altar gerauscht, und aus den Kehlen der neunzig Kinder schmetterte jetzt ein Choral, so inbrünstig, dass es Émile nicht nur in den Ohren dröhnte, sondern auch gar mächtig durch den Leib fuhr. Die Sechs-Uhr-Andacht hatte soeben begonnen. Vincent, der sein letztes Jahr am INJA absolvierte, folgte dem untersetzten Abbé beim Dahinschreiten durch die Kapelle allzu knapp auf dem Fuß, als hätte er es heute unbedingt darauf angelegt, über die Kutte desselben zu fallen. Der Ministrant lächelte, wie er es immer tat – verklärt, stolz und bräsig wie ein Weißbrot. Émile seufzte leise, von myrrheversetzter Luft gemartert. Das gelbbraune Harz ließ ihn aufstoßen. Ganz anders Vincent! Der schien sich an dem harzigen Rauch zu berauschen. Der Ministrant schwenkte eifrig das kleine Weihrauchfässchen, das an drei silbernen Kettchen hing und von welchem ein betörender stummer Nebel aufstieg, der sich sodann verwirbelte und ganz allmählich in jede Ecke und jede Nase floh.

»Vielleicht ein Taschentuch, mein Sohn?« Isaac Roques wandte sich erneut mit heiserer Stimme an Émile, den jetzt ein lästiges Schniefen ereilt hatte. Eine unangenehme Blässe war dem Jungen ins Gesicht gefahren. Die Myrrhe, der wohlig-beißende Duft, verrichtete ihr göttliches Werk. Ihm war aufrichtig übel, weshalb er so tat, als hörte er Roques nicht, und blieb diesem eine Antwort schuldig. Stattdessen stierte er apathisch auf den Beichtstuhl, den Ziehbrunnen der Vergebung, in den man seine Sünden hineingoss, um anschließend aus dem Bade der Erkenntnis geläutert aufzusteigen. Gerade so und nicht anders hatte Pignier einmal im Beisein Dufaus den Zweck des schön verzierten Holzkastens neben der Kanzel leicht süffisant beschrieben, um Pierre-Armand zu veranlassen, doch selbst einmal in die Badewanne zu steigen. Der hatte daraufhin mit den Augen gerollt und sich – unter dem Vorwand, er müsse sich noch auf die nächste Unterrichtsstunde vorbereiten – grummelnd in sein Kabinett verzogen.

Ein entferntes Klappern, das Weihwasserdeckelchen klappte nach unten. Zwei Mädchen schlüpften in die vorletzte Bankreihe und schämten sich kirschrot für ihr Zuspätkommen.

»Setzt euch hin!«, fauchte Madame Maurelle leise. Verhaltenes Flüstern, Husten, und dann erzitterte die kleine Kapelle auch schon von den gewaltigen Bässen der Musik. Brailles Hände flogen über die Manuale der Orgel, unterstützt von Hippolyte Coltat am Blasebalg. Die Eingangsmusik erklang. Eine strahlende C-Dur-Harmonie fuhr ins hohe Gebälk, laut, massiv und rein. Eine Phrase unbeschreiblichen Entzückens. War es schon Gott, der da sprach, oder noch die Braille'sche Hand, aus der es spielte? Man wusste es nicht. Émile lauschte, die Seele verschlossen, die Hände noch immer zum Gebet verschränkt auf dem Schoß. Ihm sagte ein C-Dur-Akkord nichts, auch kein E-Dur, wofür ihn die blinden Fledermäuse verspotteten, wenn sie aus der Chorstunde oder aus den Chambres kamen, wo das Harmonium und das Klavier standen.

Verunsichert schaute der Bursche nach oben zur Deckenkuppel, dorthin, wo sich jetzt die Töne vom Winddruck durch die langen Pfeifenhälse unter das Kapellendach pressten und sich geeint über die Köpfe der Anwesenden ausschütteten. Seine Zunge tastete nach dem schmerzenden Backenzahn hinten links, und er fragte sich neiderfüllt, was schlimmer sei, der Zahn oder das Getöse der Orgel. Vielleicht rächte sich der Allmächtige ja an ihm, Émile Marso, dafür, dass er seinen Katechismus mit einem herzhaften Adieu unerreichbar in die hinterste Ecke seines Nachttisches befördert hatte. Wer weiß!? Es war aber auch wirklich zum Aus-der-Haut-Fahren! Er konnte dem liturgischen Zinnober, abgesehen von dem goldenen Glanz und dem Kerzenschimmer, so rein gar nichts abgewinnen. Des Abbés andächtiges Wort in der Predigt schien an ihm vorbeizugehen wie ein Namenloser in den Straßen von Paris. Seinen sturen Blick auf Braille und Coltat geheftet, hielt der junge Bursche seine ganz eigene Andacht, und zwar ohne das ehrfürchtige Gesäusel, so wie er es bereits jeden Tag in der Druckerei zu lesen bekam, wenn er die Heftfäden durch die Bücher zu ziehen hatte. In überwiegender Zahl allesamt christliche Werke, die Dr. Pignier in Auftrag gab.

Émile betrachtete die Heilige Dreifaltigkeit und gähnte verstohlen in die hohle Faust, sodass es Roques nicht bemerkte. Manchmal ging sie ihm durch den Kopf, die Heilige Dreifaltigkeit, nachts, wenn er nicht schlafen konnte, das Schnarchen seiner Zimmergenossen ertragen musste und es verboten war, eine Kerze anzuzünden.

Neugierig schaute er zu Coltats rhythmischem Pumpen mit dem Fuß, dann zu Braille, der mit dem Rücken zu ihm saß und dessen Arme sich jetzt beim Orgelspiel wie Scherenmesser in die Breite öffneten und wieder schlossen.

»Habt Ihr es gestern Abend vernommen, Monsieur Fabre?« Émiles Hirn baute sich die Worte zusammen, die Pignier am nächsten Morgen fände, wenn er dem bucklichten Kirchendiener in der ersten großen Pause zufällig begegnete. »Wie leichtfüßig der Bursche die Orgel spielt! Ist es nicht ein wunderbares Geschenk Gottes?«

Wahrhaftig! So einmütig auf der Orgelbank zu sitzen, Hände und Füße das disziplinierte Regiment führen zu lassen und dazwischen auch noch an Zugriegeln zu werkeln, war eine große Kunst. Aber sollte das alles denn auch mit rechten Dingen zugehen? Émile biss sich auf die Unterlippe und überlegte. Vielleicht stellte sich Braille ja nur blind und machte ihnen allen etwas vor. Sicherlich wäre er nicht der Erste, gab es doch genügend Bettler in der Hauptstadt, die sich ein schwarzes Tuch vor die Augen banden und die Leute von ihrem Geld erlösten. Mon Dieu! Émile packte die Erleuchtung. Weshalb sonst verlangte Braille nach zwei übergroßen Wachsengeln, die über dem Spieltisch angezündet wurden und denselbigen beschienen.

Die zwei Pupillen des Helferschülers verengten sich einsam und unmissverständlich, wie er so auf der harten Holzbank dasaß, ohne Aussicht auf Vergebung oder Gnade, auch wenn der Abbé sich jetzt noch so mühte, ein Gleichnis nach dem anderen aus dem Hut zog und das Vaterunser so eindringlich zum Besten gab. Émile schwebte in sich, in einer trüben hässlichen Blase, dachte ans Abendessen, eine karge, durchsichtige Zwiebelsuppe, und ärgerte sich insgeheim auch noch über Pierre-Armand Dufau, der ihn wieder einmal wie einen naiven Dummkopf behandelt hatte.

Sein forscher juveniler Geist merkte nicht, wohin er trieb, merkte nicht, wie abwegig all das war, was er sich ohne Verstand hungrig zusammenreimte. Und so verstieg er sich also in dem scharfkantigen Geröll seiner Gedanken wie ein Steinbock an den steilen Berghängen der Pyrenäen, um vom Felsvorsprung der Dummheit sodann kühn hinabzustürzen. Wie das? Nun ja, erst vor ein paar Tagen hatte er Braille im Speisesaal beobachtet. Beim Mittagessen war es gewesen, als Louis auf eine Frage der Mamsell hin die Gabel hob und zu Gabriel Gauthier am anderen Ende der langen Tafel deutete, gerade so, als sähe er diesen wahrhaftig durch seine getrübten Sehschlitze. Überhaupt benehme sich Braille in keinster Weise, wie es sich für einen Blinden gehöre, so ging es Émile durch den Kopf. Braille bohrte nicht in den Augen, er redete nicht in unbändiger Lautstärke, und er wippte auch nicht wie ein närrischer Ochse mit Kopf und Rumpf hin und her, so wie es viele andere Blinde in der Schule bisweilen taten. Außerdem war er in der Lage, selbstständig, ohne fremde Hilfe, also ohne ihn, Émile Marso, einen Brief zu schreiben. Zwar mit einer Holztafel, an dünnen Darmsaiten entlang, die Hand, die Feder, von links nach rechts und wieder von vorn beginnend, aber doch Zeile für Zeile geordnet in lesbaren Buchstaben.

Émile sah die Schüler im Unterricht vor seinem inneren Auge. Wie mühsam sie die Schrift der Sehenden nachahmten und wie wenig erfolgreich sie in ihrem Bestreben waren, wenn sie die Umrisse der einzelnen Buchstaben ertasteten und die Schwünge der Lettern bis zum Umfallen übten. Braille war, wenn er es so recht bedachte, weit und breit der einzige Blinde, der die Fähigkeit besaß, einen handschriftlichen Brief zu verfassen. Zu gerne hätte Émile gewusst, was in den versiegelten Depeschen wohl geschrieben stand, die er, unter den Arm geklemmt, eilfertig zur Poststation brachte. Wie es schien, hielt Braille neuerdings mit einem gewissen Monsieur Klein im fernen Wien Korrespondenz, was Unsummen an Porto verschlang. Dufau, dem er die Vertraulichkeit ganz beiläufig bei einem pädagogischen Unterrichtsgang in die Botanik eröffnete, war über Brailles Heimlichkeit nicht schlecht erstaunt und spendierte dafür ein Stück süßen Honigkuchen. Freilich, ohne es die Nasen merken zu lassen. Die tasteten derweil bunte Blütenkelche ab und ließen sich diese von Céline Clémence lang und breit erklären. »Merci!«

»Seht nur, Kinder! Das ist eine Ringelblume.«

Johann Wilhelm Klein war Dufau nicht unbekannt. Er hatte von ihm und seiner Stachelschrift gelesen. Dass Braille es wagte, sich an den Direktor der Wiener Blindenschule zu wenden, wunderte Pierre-Armand, während er über die Wiese zu den Kindern schritt. Schließlich habe man mit Isaac Roques einen fähigen Mann im Dienst, der Ähnliches praktizierte, sein Verfahren aber als Nadelschrift bezeichnete. Nichts anderes war es ja auch, wenn Monsieur Roques die Flachschrift von herkömmlichen Büchern mit feinen Nadeln nachstach, sodass ein fühlbares Relief entstand.

KAPITEL 25

DIE HOHEIT DER SCHRIFT

Die Reliefschriften seien ein Unfug, überflüssig wie ein Kropf, sagten Louis und seine beiden Freunde Hippolyte Coltat und Gabriel Gauthier. Wenn es hochkäme, so befähige das Institut vielleicht einen von zwanzig Schülern, seinen Lebensunterhalt später bestreiten zu können. Sie hatten ihre Finger in die offene Wunde gelegt. Alle drei waren sie Dufau ein Dorn im Auge, denn seiner Ansicht nach wiegelten sie hinter vorgehaltener Hand die unverständigen Kinder im INJA auf. Vermutlich als Rache dafür, dass Alexandre-René Pignier irgendwann seinen Hut hatte nehmen müssen. Die moralische Lichtgestalt war ob der Affäre mit Élodie und dem Zutun des ehrgeizigen Stellvertreters erloschen.

Dufau redete Braille, dem schlanken jungen Mann aus Coupvray, nicht nur einmal freundlich ins Gewissen. Eines Tages, so gingen die Gerüchte, da hatte er ihn, tobend vor Wut, zu sich in sein Kabinett zitiert, um ihm ein für alle Mal beizubiegen, dass es ihm nicht zustehe, die barmherzige Arbeit von Madame Clémence in Zweifel zu ziehen und sie bei den Unterrichtsklassen dadurch in Misskredit zu bringen. Hierzu habe er kein Recht, und er verwahre sich dagegen aufs Schärfste, so wahr er Pierre-Armand Dufau heiße und der neue Schulleiter am INJA sei. Die Zeiten eines Pigniers seien vorbei.

»Passé!«, wie er sich auszudrücken pflegte, die Augen fest auf die neue Stundentafel geheftet.

Die zwei hatten sich weiß Gott gefunden, bis in den Tod. Zeitlebens gerieten sie aneinander und tauschten, was das Lesen und Schreiben von Blinden anging, vehement ihre Positionen aus. Höflich gesagt: Sie führten einen veritablen Krieg, bei dem sich der Blinde und der Sehende wie zwei Flusskrebse im seicht dahinplätschernden Strom des Lebens mit ihren Scheren verhakten und nicht wieder voneinander loskamen, umspült von rauschenden Schaumkronen der Erregung. Die Dickschädeligkeit des einen traf sich mit der Dickköpfigkeit des anderen und entfaltete sich zu wahrer Größe. Der ansonsten so friedliebende Geist Louis Brailles war nicht wiederzuerkennen, wenn es ums Schreiben und Lesen seiner Schicksalsgenossen ging.

Roques' Nadelschrift fühle sich wie Widerhaken an. Dufau stutzte unverständlich bei diesen Worten. Er, Louis, habe sich davon ein Bild gemacht und sei mit den Fingern darüber hinweggeglitten. Mit Müh und Not habe er die einzelnen Lettern entziffern können. Die durchgedrückten Bögen und Linien fransten schon nach kurzer Zeit an den Kanten aus und erweckten den Anschein von unliebsamen Zähnchen, wie man sie, mit Verlaub gesagt, von Brennnesselblättern kenne. Ganz unzweifelhaft piesacke das Verfahren die Kinder beim Lesen und im Übrigen auch ihn selbst. Dies sei bedenklich, denn das Gelesene sei in diesem Fall von wenig erbaulichen Gefühlen begleitet. Braille blickte halb schräg an Dufau vorbei, pausierte kurz und erlaubte sich nach einem schweren Husten eine ungenierte Frage, wie nur er sie zu stellen vermochte: »Welcher Sehende möchte bei der Ansicht eines Buches wie der heiligen Schrift eines Charles Darwin denn Schmerzen erleiden müssen?«

Die verbale Spitze hatte gesessen. Louis traf Pierre-Armand Dufau unglücklicherweise in einer Hochphase der Humorlosigkeit. Diesen, eben noch in den tristen Gewölben der Buchhaltung nach jedem einzelnen Centime wühlend, hatte ein übles Magengrimmen ereilt. Brailles Ironie hinsichtlich der aufklärerischen Traktate Darwins zerschellte, zerbrach und kullerte Dufau scherbenhaft vor die Füße. Fatal! Die Antwort folgte postwendend.

Er übertreibe maßlos! Was er sich erdreiste, schallte es zurück, und weiter dahinraunzend, die Hand noch an den runden Kugeln eines Abakus-Gestänges: »Ich wusste gar nicht, dass Sie sich neuerdings mit der Evolutionstheorie des Engländers auseinandersetzen. Reicht Ihnen die Bibel plötzlich nicht mehr aus?« Aufgebracht drehte er an einer der Dezimalperlen, unentschlossen, ob er sie besser nach links oder besser nach rechts schleudern sollte. Er zog den Finger zurück und tat keines von beidem.

»Sie sind undankbar, Louis! Wie können Sie es wagen, Isaac Roques in meiner Gegenwart zu verunglimpfen? Seine Arbeit erfordert höchste Präzision und Geduld.«

Ein helles, kratziges Schleifen war zu hören. Dünne Eisenstäbe, die Zeilen der Rechenmaschine, stürzten sich in Louis' taktiles Bewusstsein. Er fühlte die schnelle Bewegung vor seiner inneren Hand, nahm den Vorgang unvermittelt wahr. Dufau beförderte eine himbeerrote Kohorte von fünf Kugeln verärgert an den äußeren linken Rand der Rechenmaschine.

Es sei keine Frage von Geduld, entgegnete Louis daraufhin. Auch gehe es nicht um Dankbarkeit. Es gehe um eine begründete Feststellung und die Freiheit. Eine kühne Aussage, die Dufau, nachdem er tief Luft geholt hatte, nicht stehen ließ. Was er damit bezwecken wolle? Isaac Roques befinde sich mit seiner Methode in bester Gesellschaft. Johann Wilhelm Klein setze seine sogenannte Stachelschrift mit Erfolg in Wien ein. Neben dem Prägedruck sei sie eine verbreitete Methode in

Europa! Roques habe ein Verfahren entwickelt, das die Kosten für zusätzliches Papier spare und effizient sei. Braille müsse als gläubiger Katholik und Mathematiker doch verstehen, dass die Louisdors nicht vom Himmel fielen. Im Übrigen sei ihm, Pierre-Armand Dufau, der Eingang einer Depesche Kleins nicht verborgen geblieben. Was dieser denn zu Brailles Sechs-Punkte-Schrift sage.

»Monsieur Klein favorisiert sein eigenes Verfahren«, räumte Louis ehrlicherweise ein, wissend, dass dieses Eingeständnis seinen Standpunkt schwächte. »Er misst meiner Erfindung keine Bedeutung zu.«

»Sehen Sie?« Dufau seufzte misslaunig. »Ich habe es gewusst!« Dufau verzog die Mundwinkel überheblich. »Verwenden Sie Ihre Kraft in Zukunft auf den Unterricht oder auf das Orgelspiel!« Für ihn schien die Unterredung beendet, nicht aber für Louis. Für ihn fing sie erst an. Er beugte seinen Oberkörper in Richtung des Dufau'schen Bollwerks und stemmte sich couragiert dagegen.

»Sein Urteil fußt auf einer fehlgeleiteten Doktrin der Sehenden, wenn ich das sagen darf!«

»Sie dürfen nicht! Was fällt Ihnen ein?« Dufau schoss hoch, die nächste Unverblümtheit vor Augen. Er blickte in ein selbstbewusstes Antlitz, das seine Haltung konsequent verteidigte. Schickte sich Louis jetzt an, eine selbst erdachte neue Wahrheit zu predigen? Aus ihm schien die Leidenschaft eines jungen Revolutionärs zu sprechen. Welch Ironie! »Was wollen Sie damit sagen, Louis?«

»Wir verlangen unsere eigene Schrift, und zwar eine Schrift, die sich vorrangig am Tastsinn ausrichtet!«

Dufau winkte ab. »Seit Jahr und Tag bemühen wir uns um nichts anderes, vergessen Sie das nicht! Ich darf Sie darauf hinweisen, dass die Kommission kontinuierlich daran arbeitet, die Reliefschriften zu verbessern. Madame Clémence, Isaac Roques und meine Wenigkeit stehen in ständigem Austausch darüber.« Er pausierte kurz, suchte nach einem weiteren Argument. »Die Reliefschriften werden ihre Aufgabe auch zukünftig nicht verlieren, weil sie unseren Zöglingen den Weg in die Gesellschaft ebnen. Sie sind das Bindeglied zur Selbstständigkeit.«

»Eben nicht«, erwiderte Louis aufmüpfig. »Die Reliefschriften, ganz gleich, ob Prägedruck, Stachelschrift oder Nadelschrift, sie alle sind lediglich ein Spiegelbild, von Sehenden mit den Maßstäben sehender Menschen für uns Blinde erdacht.«

»Unsinn, purer Unsinn!«, knurrte Pierre-Armand Dufau.

»Aus eigener Erfahrung weiß ich, wie viel Anstrengung die vorherrschenden Methoden den Kindern abverlangen. Und selbst wenn diese mit den erhabenen Lettern der Sehenden halbwegs zurechtkommen, so bleibt immer noch die Schwierigkeit, wie sie ihre Gedanken ohne fremde Hilfe aufs Papier bringen sollen. Welcher blinde Mensch, frage ich Sie, Monsieur Dufau, kann einen Sekretär in den Dienst nehmen? Schauen Sie nach draußen auf die Straßen von Paris!« Louis war in Fahrt geraten, dass ihm die Wangen glühten. »Warum verschließt die Kommission ihre Augen so vehement vor meiner Erfindung? Erklären Sie es mir, Monsieur! Warum beschäftigt das INJA weiterhin parallel Lehrkräfte für den prägeschriftlichen Unterricht, wo die Schülerschaft mit meinen sechs Punkten doch erwiesenermaßen weit besser zurechtkommt?«

Ein heftiges Scheppern. Der Abakus war vornüber geklappt und schlug auf die harte Schreibtischplatte. Die zweifarbigen Rechenperlen, das schöne Himbeerrot und das holunderige Schwarz, es war nicht aufzuhalten. Es rutschte über die silbergrauen Rechenzeilen, rotierte, nicht enden wollend, und veranstaltete einen schrillen, tösenden Lärm. Dufau war ganz offensichtlich die Hand ausgerutscht. Was Louis überhaupt dazu veranlasse, von »seiner« Erfindung zu sprechen, und was er sich einbilde? Wenn überhaupt, so sei es doch Charles Barbier de la Serre, der der geistige Urvater des ganzen Brimboriums sei. Das Malheur vor sich besehend, zischte es aus seinem Mund.

»Sie sind zügellos, werter Freund! Die Kommission, der Sie diesen Vorwurf machen, hat sich Ihrer mathematischen Zeichenschrift und auch der Musikschrift aus Ihrer Hand wohlwollend angenommen, sie für praktikabel befunden und sie für den ausschließlichen Einsatz im Unterricht freigegeben. Genügt das denn nicht?«

Es platzte aus ihm heraus, gar so, als wäre Louis es gewesen, der mit seiner besserwisserischen Nörgelei den ganzen blödsinnigen Krach verursacht und ihm sein schönes Rechenexempel ruiniert habe, sodass er wieder von vorne beginnen konnte.

Kalenderblatt um Kalenderblatt flatterte zu Boden. Der Zwist nahm kein Ende. Brailles mangelnde Satisfaktionsfähigkeit verhinderte Schlimmeres. Womöglich hätte das blinde Genie seinen sehenden Duellanten durch seinen überragenden Orientierungssinn ohne Augenmaß auf zwanzig Fuß hin erschossen. Pierre-Armand Dufau explodierte wie eine pralle Erbsenschote im heißen Sommer. Louis hatte nach dem Mittagessen an Dufaus Kabinetttür geklopft und den Schulleiter aus einem Nickerchen hochgescheucht. Ob man das »Tintengekleckse« der Kinder nicht endlich abschaffen wolle, so Louis. Welch eine Frage! Er hätte sie sich besser verkniffen.

Halb dösend, schnappte der Hitzkopf von Dufau auf und rang nach Luft. Seine Faust flog auf die harte Tischplatte. Die Schrift der Blinden müsse sich notgedrungen an der Schrift der Sehenden orientieren, sie sei identitätsbildend, so hätte es bereits Valentin Haüy erkannt. Und deshalb sei auch der handschriftliche Unterricht von zentraler Bedeutung. Wie sonst sollte denn ein blindes Kind in die Gesellschaft hineinwachsen, wenn es nicht die Schrift der Sehenden aufsauge? Ob er die Weisheit eines Haüy in Abrede stellen wolle? Wohin führe das? Dufau verschränkte die Arme mürrisch vor der breiten Brust.

»Ich habe es schon immer gesagt: Ihre Sechs-Punkte-Schrift isoliert die Blinden von der Gesellschaft. Zeigen Sie mir einen Sehenden, der mit Ihrem Schriftsystem etwas anfangen kann. Im ganzen Institut findet sich niemand, der Ihnen und Ihren Ideen folgen kann, eben aus dem genannten Grund.« Dufau übertrieb. Ganz bewusst übertrieb er, hegte er doch den Wunsch, sein Gegenüber einschüchtern zu können. Insgeheim fühlte er jedoch, dass er nur wenig gegen Brailles Hartnäckigkeit ausrichten konnte, es sei denn, er entschlösse sich, zu radikaleren Mitteln zu greifen.

Er könne die Methode nicht aufhalten, so erklärte Louis mit gefasstem Ton eines Tages, furchtlos, nicht ahnend, zu welchen Abgründen menschlicher Regung Dufau hinabzusteigen imstande wäre.

Louis reichte Dufau die Zeugnisnoten seiner Musik- und Mathematikklassen über den breiten Eichentisch, bereits von der Tuberkulose befallen, der Krankheit also, die unter den Kindern im Institut grassierte und Monsieur Renard, den Sargmacher, von Mal zu Mal heraufbeschwörte. Louis wusste angesichts dieser traurigen Tatsache, dass ihm unter Umständen nicht viel Zeit bliebe, sein Schriftsystem in die Welt zu tragen. Dufau hätte nicht den nötigen Sachverstand, geschweige denn die Bereitschaft dazu. Wie auch? Ein Sehender würde niemals das ertasten können, was ein Blinder zu ertasten vermochte.

Zugegeben, es gäbe Hippolyte, auch Gabriel, doch besäßen die beiden Freunde die Ausdauer, den eisernen Willen, die Sechs-Punkte-Schrift mit aller Konsequenz zu vertreten? Louis gedachte Alexandre-René Pigniers in jenem Moment, auf dessen uneingeschränkte Loyalität er hatte zählen können. Allein auf sein Zutun hin wurde seine Schrift auf die Stundentafel gesetzt. Und er gedachte des Würfelspiels mit den Freunden, das ihm den Weg gewiesen hatte. Und er hörte sie staunen, als er ihnen die ersten Entwürfe zeigte. Und er erinnerte sich daran, wie sie mit ihm zweifelten und auch hofften. Wie sehr hatte sich Gauthier doch über die Musiknotenschrift gefreut, mit der er endlich seine Kompositionen notieren konnte. Die Kerben, Linien und Löcher, die sie bis dahin ins Papier geritzt, gekratzt und gestanzt hatten, waren allesamt ein dilettantischer Notnagel gewesen. Lustig anzufühlen, aber am Ende unbefriedigend.

»Mein Schreibsystem wird in Bälde einer noch breiteren Öffentlichkeit vorgestellt«, sagte Louis jetzt unbequem zu seinem Gegenüber. »Im Übrigen habe ich mit Foucault einen Apparat entwickelt, der unsere Schüler und Schülerinnen befähigt, mit den Sehenden zu korrespondieren, und zwar ohne die rabenschwarzen Federkiele von Madame Clémence.«

Pierre-François-Victor Foucault war ein Begriff am Institut. Als Kind wie so viele durch eine Blatternerkrankung erblindet, hatte er selbst die Anstalt besucht. Ein Blick in die Schülerakte reichte. Foucault brannte für alles Technische, auch wenn er blind war. Während seine Klassenkameraden Lateinvokabeln paukten, hatte er heimlich gehämmert, geritzt und gefeilt, Löcher gebohrt und übel stinkende Substanzen in Töpfen und Tiegeln vermischt. Gehörte er Gerüchten nach nicht auch zu denjenigen, die einmal ein Pianoforte auseinandergebaut hatten, um es dann wieder, Einzelteil für Einzelteil, mühevoll zusammenzufriemeln? Noch so ein Wahnsinniger also, sägte es in Dufaus blankem Schädel. Der Umstand, dass Braille nun auch noch von der rabenschwarzen Tintenfarbe zu reden begann, verlieh der Auseinandersetzung geradezu groteske Züge. Es wurde still, sehr still.

Dufau schluckte, schaute ungläubig und biss sich vor Zorn auf die Zungenspitze. Einen »Apparat«, dachte der Heißsporn jäh und stakste wie auf zerdepperten Eiern durch einen Hühnerstall. Soso! Er hatte also richtig vermutet. Foucault und Braille hielten mit ihren Machenschaften nicht hinterm Berg. Die Herren schufen Tatsachen, noch bevor er selbst die Verbesserungen am Prägedruck ans Tageslicht würde bringen können. Vermutlich hatte man die Pläne im Café des Aveugles geschmiedet, in dieser Schmierenkneipe, bei einem Glas Wein. Und womöglich waren die Einladungen schon geschrieben, die Begleitmusik für den Tag längst komponiert, von einem Gabriel Gauthier oder gar von Braille selbst. Hielten die beiden ihn denn für wässrig-blöde? Er durchschaute dieses Komplott, das die Welt mit frommen Sprüchen und virtuoser Orgelei einlullte und ihn auszubooten versuchte. Na wartet nur! Das werdet ihr noch bitter bezahlen! Dufau schmollte unversöhnlich gekränkt und schmiss den Feingeist in letzter Verzweiflung daraufhin hochkant aus seinem Kabinett.

»Gehen Sie mir aus den Augen, Monsieur Braille! Ich habe anderes zu tun, als Ihren Possen zu lauschen! Und damit Sie es wissen: Von heute an verbiete ich Ihre Braille'sche Schrift in den Gemäuern dieser Anstalt!« Dufau sah ihm hinterher. Louis hatte es geschafft. Er hatte ihn zur Weißglut gebracht und zum Äußersten getrieben. Eine Schweißperle rann an seiner linken Schläfe entlang. Er glaubte, das Hirn platze ihm gleich. Ein letzter Schrei, ein »Hinaus!«, und der schlimme Spuk hatte ein Ende für den Tag.

Émile Marso, der eine Viertelstunde lang vor dem Stellvertreterzimmer auf einem Büßerbänkchen die Zeit totschlug, erschrak in seiner Langeweile so sehr, dass er sich, noch bevor die Tür aufgerissen wurde und Braille in das Zwielicht trat, leichenblass um die nächste Ecke flüchtete und in die Flachschrift-Bibliothek rannte, dorthin also, wo er sonst nie Zuflucht suchte. Dufaus entsetzlicher Schrei hing ihm spürbar im Nacken.

Auch wenn Pierre-Armand Dufau seinen ehemaligen Schüler an jenem Tag augenscheinlich besiegte, das Ganze mutete doch wie eine erbärmliche Niederlage an.

»Monsieur hat sich und seiner Autorität einen Bärendienst erwiesen«, sagte Isaac Roques eines Tages, Jahre später, als er mit Gabriel Gauthier am Arm durch die Blumenrabatten zur Kapelle schlenderte, dem Abendläuten zur Messe entgegen. Das Verbot der Sechs-Punkte-Schrift – er war erschüttert. Bei ihm heulten sich die Kinder aus, die danach kein Papier mehr für ihre Punktschrifttafeln ausgehändigt bekommen sollten, so der Wille Dufaus. Stattdessen schickte Roques Philipp, mittlerweile ein erwachsener junger Mann, wieder ins Lager, um das altbewährte Flanell für den Haüy-Noire hervorzuholen. Ob das alles so richtig war? Zweifel mischten sich ihm unter die schwarze Tintenhaut, wie er den breiten Haarpinsel führte und die Prägedruckpresse aufklappte. Tabak kauend schielte er zu einem Satz Musiknoten im Regal, den er zusammen mit Louis für den Unterricht in Punktschrift übertragen hatte. Wie der junge Bursche nur auf dieses Schriftsystem gekommen war? Es war ihm ein Rätsel. Wie ein Blitz war es in sie alle hineingefahren. Die Kinder jubilierten heimlich, die Erwachsenen aber zeterten allenthalben. Freilich, auch er selbst war in den Anfängen nicht frei von Zweifeln gewesen und hatte Bedenken geäußert, ob er noch weiter im INJA sein Auskommen würde finden können. Als er allmählich begriff, was diese Schrift den Kindern bedeutete, hatte er seine verqueren Gedanken zur Seite gelegt und war umgeschwenkt. Und jetzt, fragte er sich mürrisch. Was jetzt?

»Philipp, wo steckst du?« Isaac Roques blickte seinem heraneilenden Helfer deprimiert entgegen.

»Was ist, Monsieur Roques?« Philipp bemerkte die wässrigen Augen des Druckers, der sich beschämt abwandte und die anstehende Arbeit verlauten ließ.

»Wir pressen Dufaus neues Vaterunser: Charles Darwin!«

Dufaus unbedachtes Verbot der Braille'schen Schrift erreichte nie das, was er damit bezwecken wollte. Wie auch – es war seiner wütenden Hilflosigkeit geschuldet, seiner Eifersucht und letztlich der Arroganz des Sehenden gegenüber den Blinden. In den Schlafsälen der Anbefohlenen, in den Kellern und Katakomben, im Chorgestühl und auf den Dachböden der Rue Saint-Victor Nr. 68 hatte sich derweil der Widerstand formiert. Mädchen und Jungen, egal welchen Alters, rotteten sich zusammen, versammelten sich in einer trotzigen Bastion und legten Schwüre für die Freiheit der Braille'schen Schrift ab. Louis, ihr Lehrer, lebte in ihnen, und erst recht seine Schrift. Seine sechs Punkte hatten eisernen Fortbestand. Sollte Dufau doch durch die Klassen gehen und seine drakonischen Strafen verkünden! Es scherte sie nicht.

»Sehen Sie sich das an, Monsieur!« Céline Clémence schaute erbost, die Augen weit aufgerissen, rot unterlaufen. »Das ist Vandalismus, wenn Sie mich fragen, Monsieur!«

Er fragte sie nicht. Sie wedelte mit den Fetzen einer Prägeschrift, die ihr bei der Fluraufsicht in die Hände gefallen waren. Offensichtlich Überreste aus dem Geschichtsunterricht.

Louis, bereits schwer von der Tuberkulose gezeichnet, spuckte indes Blut in eine weiße Schüssel. Taub vor Schmerz, fühlte er, dass sich sein Geist ein letztes Mal vor dem Leben verneigte, dem Leben, das ihm Monique Braille geschenkt hatte. Fern allen Mirabellenlichts, aller Kirschkuchen und allen Leders seines Vaters, blitzte die Ahle von damals auf, die scharfe Spitze, mit der er sich das Augenlicht genommen hatte. Noch einmal ging er über die flach gewellte Crêpe-Landschaft zwischen Coupvray und Esbly und glaubte, den süßen Karamellduft des Heus auf den Sommerwiesen riechen zu können. Und noch einmal holperte er dahin auf dem Ziehwägelchen seiner Eltern, zu den Birnen, an den wilden Johannisbeeren entlang, den Holunderperlen, vorbei an Bachläufen und

Äckern, hockte sich in die weiche, krümelige Erde zwischen den fünf Eichen, fühlte die Anmut seiner Mutter, ihre Hände, das Moos, das Brunnenwasser, die Walnüsse. Antoine Bécheret und sein Esel kamen ihm in den Sinn, die heilige Langue, Bécherets dickes Wörterbuch auf dem Lehrerpult. Auch an Jacques Palluy erinnerte er sich, den verschmitzten Abbé, der ihn mit den Geheimnissen der Dinge vertraut gemacht hatte. Dass die Welt summte, so wie die Musik. Er hörte Moniques Hühner leise gackern, Simon-Renés Pferde im Stall leise schnauben, das Lachen seiner Geschwister bei der Rebenernte. Er hörte die kleine zweimanualige Orgel der Kapelle am INJA, die Chöre, die Geigen, die Celli, hörte Jean-Baptiste Mathieus Taktstock, das feine Nagen der Holzwürmer im Gebälk, das Brummen der Hornissen und das Raspeln der Heuschrecken zwischen Grashalmen, auch Dufaus Stimme, dessen Namen er, schon dahinsiechend, halb bewusstlos, fiebrig vor sich hin murmelte und für dessen Vergebung er bat. Gern hätte er auch noch die Stimme seines Vaters gehört, das Scherzen seiner Freunde, Hippolyte Coltat und Gabriel Gauthier, oder die weisen Worte aus dem Mund eines Alexandre-René Pignier. Allein, die Zeit rann ihm dahin, rann so schnell, dass er ihr auf seinen Schuhen nicht hinterherkam auf ihrem Weg. Ein letztes Crescendo in seiner Brust, ein trauriges Röcheln, ein wehes Umhertasten. Die Achteltonblätter des Lebens stürzten über ihm zusammen.

Henri Brasse eilte durch die grelle Wintersonne zum neuen Schulgebäude am Boulevard des Invalides. Ein krummer Schatten ging ihm voraus. Pierre-Armand Dufau hatte ein letztes Mal nach dem Leibarzt schicken lassen, doch Monsieur, allseits für seine medizinischen Fähigkeiten gelobt, vermochte nichts mehr auszurichten. Der schmächtige Mann mit der Kinnfalte kniete sich neben Braille und fühlte nach dessen Halsschlagader. Totenstille. Monsieur Brasse hob die Augen traurig von dem blutverschmierten Betttuch. Er schluckte und notierte den 6. Januar des Jahres 1852 in sein Buch. Er schlug das Kreuz, zog das Leintuch über das Gesicht des Verstorbenen und verabschiedete sich.

Zu Dufau gewandt: »Mein Beileid, Monsieur!«

Der stand da, wie der Doktor sich mit seinem Zylinder unter dem Türbalken hindurch zum Gehen in die Kälte aufmachte, hilflos, stumm und kreidebleich.

Ein Sonnenstrahl hatte sich in das karge Zimmer verirrt und fiel auf Brailles wenige Habseligkeiten, darunter physikalische Messinstrumente, Gerätschaften für Studien, ebenso seine Abfassungen, alle fein säuberlich beschriftet und ordentlich aufgestellt. Pierre-Armand, sichtlich berührt von Brailles Tod, machte einen zaghaften Schritt nach vorn zu dem Schreibtisch am Fenster. Ein feiner Lichtblitz erstrahlte von dort aus und erweckte seine Aufmerksamkeit. Von dem goldenen Lichtstrahl geblendet, lugte er vorsichtig zu einem Apparat. Es war der Raphigraf, den Louis mit seinem Kompagnon Foucault entwickelt hatte. Papier war noch darin eingespannt. Dufau stockte unvermittelt, ein wenig ehrfürchtig vor dem Objekt. Er beugte sich über Brailles letzte Erfindung, betrachtete die ausgefeilte Konstruktion, das Gestänge, die trompetenhaften Ventile, eindeutig die Handschrift Foucaults, der selbst die Trompete spielte. Ob er, Pierre-Armand, hier und jetzt die Gelegenheit ergreifen konnte, sich der Funktion des Nadelschreibers einmal wahrhaftig selbst zu bemächtigen? Sozusagen heimlich, allein, ohne Augenzeugen, jetzt, da Braille tot war, dort neben ihm im Bett lag, wehrlos.

Sein Blick fiel auf das glatte weiße Tuch. Das frische Laken schüchterte ihn ein. Der gute Katholik von Braille würde es ihm sicherlich verzeihen, dachte Dufau, nur noch wenige Zentimeter von der Messingapparatur entfernt. Er streckte die langen, dürren Finger aus, zittrig, willens, das Unvorstellbare zu tun, sah hinter sich zu der offenen Tür zum Korridor, von wo aus jetzt Schritte und aufgeregtes Tuscheln zu hören waren. Eile war geboten.

Leg deine dummen einfältigen Finger endlich auf dieses Ding und schreibe, schreibe Brailles Nadelschrift, wenn du schon nicht seine Blindenschrift lesen kannst, du Idiot, flüsterte eine Stimme in ihm. Doch die Gravität des irdischen Daseins war mächtiger als Dufaus Überwindungskraft. Er verharrte einen Augenblick zu lang, schwankte wie ein alter Flusskahn auf der Seine. Er zog die Hand mutlos zurück. Dann, Stockgeräusche, das bekannte Tack-Tack. Stimmen: »Monsieur Dufau!«

Gabriel Gauthier fiel vor dem Leichnam auf die Knie in den Staub. Heiße Tränen rannen ihm über die Wangen. Eine unfassbare Leere hatte ihn angefasst, hatte ihn bei den Schultern gepackt und ihn wie in einen Schraubstock gepresst. Die Angst schoss ihm in den Schädel. Er keuchte, zitterte, wand sich im Schmerz. Dreimal rief er den Namen seines engsten und treuesten Freundes in das Zimmer, doch Louis antwortete nicht. Schluchzend griff er nach dessen kalter Hand und wurde sich des Moments gewahr, der Allgegenwärtigkeit des Todes. Die einst so lebendigen Hände waren zur Ruhe gekommen, zur letzten Ruhe. Ihre Wärme war erloschen, ihre Seele entwichen. Nie wieder würden sie mit ihren Fingern über die Schrift streichen, die aus ihnen herausgeflossen war und die für so viel Aufhebens unter den Menschen gesorgt hatte. Und dennoch! Auch wenn diese Hände nun unbeweglich dalagen, so hinterließ Louis der Welt auf alle Zeiten hin ein unauslöschliches Vermächtnis – sechs einfache erhabene Punkte, angeordnet in zwei Reihen von oben nach unten, beziffert, von eins bis sechs.

Sobald seine Seele das ewige Leben betreten hätte, so würde diese Schrift auferstehen, in dem unbeschreiblichen

Verlangen nach Freiheit, denn schon jetzt war sein Werk zu einem feinsinnigen Denkmal geworden. Tausende Blinde, ja vielleicht Millionen von blinden Menschen, würden dieses Denkmal dereinst ertasten und es sich zu eigen machen. Dessen war sich Gabriel sicher. Endlich würden sie lesen und schreiben. Ihre Handschrift ließe sich nicht mehr aus der Welt schaffen.

EPILOG

Louis pflegte das logische Denken, einen gesunden Menschenverstand und wurde von seinen Mitmenschen dafür bewundert. Und wann immer er in die Blindenklassen für den Arithmetik-Unterricht marschierte, so brach er eine Lanze für den Gebrauch des eigenen Verstandes.

»Wir sind keine Regenwürmer! Also bitte, lasst uns die Rechenkästen zur Seite legen, Kinder!«, sagte er selbstbewusst, zog seinen schwarzen Zylinder vom Kopf und platzierte ihn vor sich auf dem Tisch. Die Kinder gehorchten. Allenthalben weit mehr als seinen sehenden Kolleginnen und Kollegen, und dafür gab es eine simple Erklärung: Louis war einer der Ihren gewesen, der wusste, was es hieß, an rasenden Augenschmerzen zu leiden, der wusste, wie es sich anfühlte, wenn man ins Leere sprach und niemand darauf reagierte. Er verlief sich, suchte die Welt mit den Händen ab, genau wie sie. Er las die Luft, die Blumen, den Boden unter den Füßen und stieß sich hin und wieder verärgert den Schädel, an einem zu niedrigen Holzbalken etwa. Er hatte das Trauma durchlebt, ihr eigenes unsägliches Trauma durchlebt, und hatte es, trotz aller oder vielleicht gerade wegen aller Widrigkeiten, weit gebracht. Als er ihnen ihre eigene Schrift schenkte, sechs einfache erhabene Punkte, aus denen man Buchstaben, Silben, Worte, ja ganze Sätze mit einem einfachen Griffel und einer Tafel stanzen konnte, hielten sie es, gemessen an der Leichtigkeit, mit der er sein Schreibsystem versah, für ein Wunder, ja für eine Gerechtigkeit, die ihnen so ganz unverhofft in ihrem Leben widerfahren war.

BIBLIOGRAFISCHE HINWEISE

Einen wichtigen Impuls für meine Arbeit an diesem Roman haben mir die in der nachstehenden Liste enthaltenen Titel gegeben. Insbesondere der wissenschaftlichen Diplomarbeit von Andreas Halmerbauer verdanke ich zahlreiche Momente der Inspiration. Mit seiner umfassenden Schrift zu Louis Braille und dessen Sechs-Punkte-Schrift hat er das Fundament für meine intensive Beschäftigung mit dem Thema gelegt und mich staunen lassen.

Halmerbauer, Andreas: »Die Schrift von Louis Braille und ihre Bedeutung für das Blinden- und Sehbehindertenbildungswesen der Welt«. Diplomarbeit Magister der Philosophie. Universität Wien, 2017.

Heimers, Wilhelm: Louis Braille. Sein Leben und sein Werk. Verlag Verein zur Förderung der Blindenbildung, 1975.

Heimers, Wilhelm: Louis Braille. Sein Leben und sein Werk. 2. unveränderte Aufl. Hannover-Kirchrode, 1979.

Mellor, C. Michael: Louis Braille. Fühlbare Genialität. Aus dem Amerikanischen übersetzt von Daniela Spellerberg und Martina Rembeck. Louis Brailles Briefe darin wurden aus dem französischen Original von Bettina Hofmeir ins Deutsche übertragen. Paderborn, 2009.

NACHBEMERKUNG DES AUTORS

Als ich während eines heißen Sommers über Louis Braille las, über seine unvergleichliche Schrift, über den »Raphigrafen«, und mich in die Landschaft rund um Coupvray hineinträumte, war es um mich geschehen. Erste Szenen flackerten auf meinen inneren Bildtafeln auf, Charaktere, Ideen für Handlungsstränge, Orte, Farben, Atmosphären, auch Düfte und Dialoge. Nach und nach tastete ich mich vor, schritt durch die Geschichte und durchlebte das anfängliche Trauma, das jede Erblindung mit sich bringt und die in Brailles Fall zum schicksalhaften Auslöser für einen willensstarken Menschen wurde. Wie anders ließen sich seine Geradlinigkeit, sein kompromissloser Geist für das Lesen und Schreiben von Blinden erklären?

Fern, im Hier und Jetzt, fühle ich über Worte, erhabene Punkte, und gerate ins Staunen. Brailles Schrift habe ich mit 17 Jahren gelernt, relativ spät, aber doch noch früh genug, um mich ihr zu übergeben. In der Rückschau betrachtet, hat sie mir viele Wege in die Welt eröffnet. Grund genug also, um sich mit diesem genialen Franzosen ernsthaft zu beschäftigen, so dachte ich mir.

Wir schreiben Geschichten auf, um sie nicht zu vergessen, und so begann ich also, Louis Brailles Geschichte aufzuschreiben, schon gleich ahnend, dass ich diese Geschichte verdichten müsste, wenn ich meiner Hauptfigur literarisch gerecht werden wollte. Ausgangspunkt für den Roman waren zunächst historische Gegebenheiten, auch Persönlichkeiten, die im näheren Umfeld meines Protagonisten zu finden waren. Ihnen zur Seite habe ich weitere fiktive Figuren gestellt, habe Dichtung und Wahrheit literarisch so eng miteinander verwoben, dass eine tragende Handlung entstand. Der daraus resultierende Text ist ein poetisches Konstrukt, ein reines Produkt meiner Fantasie, gemessen an der Tatsache, dass wir den Menschen von damals nicht mehr begegnen können. Geschichtliche Daten und Fakten formten den Rahmen für die Arbeit am Roman. Pinsel und Farben musste ich mir jedoch neu erschaffen. Das INJA, das Institut National des Jeunes Aveugles, das über weite Teile des Romans als Schauplatz dient, zählt heute zu den bedeutenden Zentren der Blindenbildung. Historisch belegt sind neben Brailles Familie, seinem Volksschullehrer Antoine Bécheret, Abbé Palluy und der Marquise Jeanne d'Orvellier auch die drei Schulleiter des INJA, namentlich Sébastien Guillié, Alexandre-René Pignier und Pierre-Armand Dufau. Des Weiteren Isaac Roques, der Drucker, Brailles Freunde Hippolyte Coltat, Gabriel Gauthier und Pierre-François-Victor Foucault. Ferner der Artillerieoffizier Charles Barbier de la Serre, der nicht ganz unschuldig an Brailles Blindenschrift war.

Eines war mir beim Schreiben immer wichtig: Meinen Leserinnen und Lesern einen literarischen Raum zu öffnen, den sie vorher noch nicht betreten hatten. Die Erfindung der Sechs-Punkte-Schrift lieferte dafür den konfliktträchtigen Stoff. Für uns heute vielleicht unvorstellbar, aber in Brailles Epoche wurden diese unscheinbaren sechs erhabenen Punkte zur treibenden Kraft, ja zum Zankapfel zwischen Sehenden und Blinden.

Die Literatur vermag es, die Geschichte zu bewahren, indem sie Geschichten erzählt und einen kunstvollen Weg zwischen Fiktion und Wahrheit errichtet, so oder so ähnlich heißt es allenthalben. Insofern war es mir wichtig, der Handlung und den Figuren Glaubwürdigkeit und Anmut zu verleihen, ebenso Tiefe. Alle menschliche Tragödie – so meine Überzeugung – erfährt unter Hinzunahme des Komischen größeres Ansehen und Würde. Leserinnen und Leser haben Anspruch darauf, nicht vordergründig, sondern hintersinnig unterhalten zu werden, ein Augenzwinkern, ein Schmunzeln inbegriffen. Infolgedessen habe ich das Manuskript immer wieder auf seinen sprachlichen Ton hin befragt. Man könnte auch sagen, auf sein Wesen hin, seine Farbgestalt, seinen Klang. Letzteres dem Umstand geschuldet, selbst Musiker und Komponist zu sein. Es war mir ein Vergnügen, den Ernst der Romanhandlung durch groteske und komische Elemente zu brechen. Was wäre eine Geschichte über die Menschen ohne Humor!

Louis Braille schuf etwas Unvorstellbares für seine Zeit: Sein universales taktiles Buchstabensystem sollte später Millionen von blinden Menschen weltweit Bildung ermöglichen und sie aus ihrem elementaren Gefangensein befreien. Das vorliegende Werk ist eine Hommage an den genialen Erfinder, der zusammen mit seinem blinden Kompagnon Foucault sogar den Vorläufer für die mechanische Schreibmaschine entwickelt hat. Jener Nadelschreiber, auch unter dem Namen »Raphigraf« bekannt, sorgte auf der Londoner Weltausstellung 1851 für großes Aufsehen im Hyde Park, so die Überlieferung.

»Eine Fingerkuppe Freiheit« habe ich mit tiefer Verneigung vor der Leistung Louis Brailles verfasst, der bereits im Alter von 12 Jahren mit seinen ersten Überlegungen für seine Schrift begann. Möge sein ungebrochener Erfindergeist der Welt Zuversicht und Hoffnung geben.